말보다 먼저 배우는
베이비 사인

나의 작고 귀여운 사이너, 클라라와 애니에게.
하늘만큼 땅만큼 사랑해.

말보다 먼저 배우는 베이비 사인

레인 레벨로 지음 | 정다은 옮김

동글디자인

차례

머리말	9
책 활용하기	10

1장 베이비 사인 시작하기 13

베이비 사인이란 무엇인가요?	14
베이비 사인을 하면 어떤 점이 좋을까요?	14
베이비 사인을 가르치는 시기	15
재미있게 가르치기	15
주요 발달 단계	16
한눈에 알아보는 영유아 발달	16
언어 발달 단계 VS 손짓 발달 단계	17
자주 하는 질문	18

2장 첫 베이비 사인 10가지 27

유용한 사인, 재미있는 사인	28
베이비 사인을 가르치는 방법	29
시작할 베이비 사인 고르기	29
상황에 맞춰 베이비 사인하며 단어 반복하기	29
아기 시야에 맞춰 베이비 사인하기	30
재미있게 시작하기	30
베이비 사인을 추가하는 시기	31
문제 해결하기	31
가장 유용한 TOP5 베이비 사인	40
우유	41
먹다	42
더	43
다 했다	44
자다	45
가장 재미있는 TOP5 베이비 사인	46
강아지	47
전등	48
공	49
책	50
자동차	51
재미있게 베이비 사인하기	52
노래하기 〈우리 더 함께 모이면〉	52
책 읽기 《강아지똥》	53
놀기 〈자동차 타기〉	53

3장 식사 시간   57

바나나   58
사과   58
배   59
복숭아   59
시리얼   60
빵   60
면   61
고기   61
계란   62
감자   62
당근   63
요거트   63
치즈   64
과자   64
물   65
마시다   65
주세요   66
고맙습니다   67

재미있는 베이비 사인   68
노래하기 〈사과랑 바나나〉   68
책 읽기 《배고픈 애벌레》   69
놀기 〈이거? 저거?〉   69

4장 기저귀 갈고 옷 입기   71

기저귀 갈 때 하는 베이비 사인   72
기저귀   73
갈다   73
화장실   74
똥을 싸다   75
깨끗하다   75
더럽다   76
손을 씻다   76

옷 입을 때 하는 베이비 사인   77
옷   78
모자   79
양말   80
신발   81
외투   82
상의   83
하의   83

재미있게 베이비 사인 하기   84
노래하기 〈기저귀 갈자〉   84
책 읽기 《이건 내 모자가 아니야》   85
놀기 〈곰돌아, 옷 입자〉   85

5장 목욕 시간과 잘 시간　　　87

목욕할 때 하는 베이비 사인　　　89
- 목욕　　　89
- 비눗방울　　　90
- 뜨겁다　　　91
- 춥다　　　91

자기 전에 하는 베이비 사인　　　92
- 양치하다　　　93
- 이불　　　93
- 달　　　94
- 별　　　95

재미있게 베이비 사인하기　　　96
- 노래하기 〈반짝반짝 작은 별〉　　　96
- 책 읽기 《잠이 오는 이야기》　　　96
- 놀기 〈비눗방울 더 많이!〉　　　97
- 놀기 〈집아, 잘 자〉　　　97

6장 놀이 시간과 야외 활동　　　99

놀이할 때 하는 베이비 사인　　　100
- 놀다　　　101
- 음악　　　102
- 그네　　　103
- 무엇　　　104
- 어디　　　104

자연을 표현하는 베이비 사인　　　105
- 밖　　　106
- 비　　　106
- 해　　　107
- 나무　　　108
- 꽃　　　108
- 벌레　　　109
- 거미　　　110
- 나비　　　110

탈것을 표현하는 베이비 사인　　　111
- 기차　　　112
- 자전거　　　112
- 버스　　　113
- 비행기　　　113

재미있게 베이비 사인하기　　　114
- 노래하기 〈작은 거미〉　　　114
- 노래하기 〈버스 바퀴〉　　　115
- 책 읽기 《달님 안녕》　　　116
- 책 읽기 《기차 ㄱㄴㄷ》　　　117
- 놀기 〈안에 뭐가 있을까?〉　　　118
- 놀기 〈어디에 있을까?〉　　　119

7장 동물 — 121

반려동물을 표현하는 베이비 사인 — 122
- 고양이 — 123
- 새 — 124
- 토끼 — 125
- 물고기 — 126
- 개구리 — 127
- 쥐 — 127

가축을 표현하는 베이비 사인 — 128
- 오리 — 129
- 소 — 130
- 말 — 130
- 양 — 131
- 돼지 — 131

야생 동물을 표현하는 베이비 사인 — 131
- 원숭이 — 133
- 곰 — 133
- 사자 — 134
- 기린 — 134
- 공룡 — 135

재미있게 베이비 사인하기 — 136
- 노래하기 〈맥도날드 아저씨의 농장〉 — 136
- 노래하기 〈다섯 마리 아기 오리〉 — 137
- 책 읽기 《안녕, 내 친구!》 — 138
- 책 읽기 《갈색 곰아, 갈색 곰아, 무엇을 보고 있니?》 — 138
- 놀기 〈착한 야옹이〉 — 139

8장 가족과 감정 — 141

가족을 표현하는 베이비 사인 — 142
- 엄마 — 143
- 아빠 — 144
- 할머니 — 145
- 할아버지 — 145
- 자매 — 146
- 형제 — 146
- 아기 — 147
- 친구 — 147

감정을 표현하는 베이비 사인 — 148
- 사랑해요 — 149
- 행복해요 — 150
- 슬퍼요 — 151
- 심술 나다 — 152
- 부드럽다 — 152
- 미안해요 — 153
- 도와주세요 — 153
- 아파요 — 154

재미있게 베이비 사인하기 — 155
- 노래하기 〈다섯 꼬마 원숭이〉 — 155
- 책 읽기 《또, 또, 또 해주세요》 — 156
- 책 읽기 《햇살 같은 안녕》 — 156
- 놀기 〈우리 가족〉 — 157

참고 자료 — 159
찾아보기 — 162
감사의 말 — 164

머리말

《말보다 먼저 배우는 베이비 사인》에 잘 오셨습니다! 여러분이 보고 계신 이 책에는 제가 첫 아이와 베이비 사인을 하기로 마음먹었을 당시에 궁금했던 내용이 담겨 있답니다.

2006년에 엄마가 됐을 때, 저는 베이비 사인에 관심이 생겼고 더 알아보기 위해 도서관에서 책을 빌렸습니다. 책에는 말을 배우기 전인 아기와 손동작으로 소통했던 역사와 이론 등 많은 정보가 담겨 있었습니다. 손짓하는 방법을 설명해 주는 내용도 많았고요. 하지만 아기에게 손동작을 가르치는 방법은 나오지 않았습니다. 성공으로 이끌어 주는 팁이나 전략이라고 할 만한 것도 그리 많지 않았죠.

그 책은 좀 아쉬웠지만, 저는 첫아이 클라라와 성공적으로 베이비 사인을 해내려고 계속 노력했습니다. 클라라가 배고프거나 필요한 게 있을 때 표현할 만한 베이비 사인 몇 가지를 가르치면 되겠다는 기대감으로 시작했는데, 상상 그 이상의 경험을 하게 됐죠. 베이비 사인 덕분에 우리 아이의 마음을 보여 주는 창이 열렸고, 손짓을 보면서 무슨 생각을 하는지도 알게 됐거든요. 클라라의 눈으로 세상을 바라볼 수 있어서 정말 감격스러웠답니다. 저는 지금도 베이비 사인 덕분에 저희 사이가 이렇게 끈끈해졌다고 생각해요. 아주 일찍부터 소통할 수 있었으니까요. 그렇다고 해서 우리가 베이비 사인을 하면서 시행착오를 겪지 않은 건 아닙니다. 사실 저는 꽤 오랫동안 클라라가 했던 첫 베이비 사인을 알아채지 못했어요. 제가 예상했던 것처럼 보이지도 않았고, 뭘 어떻게 해야 하는지도 몰랐으니까요! 여러분은 이런 일을 겪지 않도록 베이비 사인이 초기에 어떻게 보이는지 적어 두었으니, 무엇을 살펴봐야 할지 알게 될 거예요.

저는 금세 베이비 사인에 흠뻑 빠져 버려서 배울 수 있는 건 다 배웠습니다. 관련 분야 전문가와 학자들에게 연수를 받고, 미국의 보디랭귀지 수업도 들으면서요. 2009년에는 타이니 사인즈®Tiny Signs® 웹 사이트를 개설해서 그때부터 부모, 교육자, 유아기 전문가를 대상으로 강연과 워크숍을 진행하고 있습니다. 수년 동안 정말 훌륭한 여러 가족과 함께할 수 있어서 영광이었죠. 늘 새롭고 기발한 질문을 주시는 덕분에 저도 계속 그분들께 배운답니다. 아기가 첫 베이비 사인을 했다는 가슴 설레는 소식을 듣거나 수강생들이 문제를 해결하도록 도와주는 일은 단 한 번도 지겨웠던 적이 없어요. 베이비 사인은 이처럼 강력한 도구랍니다. 꽤 오랜 세월이 흘렀는데도 베이비 사인이 가족들에게 미치는 영향력에 여전히 놀라곤 해요.

저는 둘째 딸 애니가 태어났을 때도 당연히 베이비 사인을 할 생각이었습니다. 사실 그때는 제가 배웠던 모든 기술이 둘째 아기와의 사이에 어떤 영향을 미칠지 예상하지 못했는데요. 애니는 베이비 사인을 시작한 날 바로 제게 손짓했답니다! 돌 즈음에는 약 100가지 베이비 사인을 익혀서 두 단어를 결합해 문장까지 표현할 수 있었고요(예: 우유 더).

제가 이 책을 쓴 이유는 저를 비롯한 많은 가족이 성공적으로 베이비 사인을 하는 데 도움을 받았던 손짓, 팁, 비법을 공유하기 위해서입니다. 그렇다고 해서 아기가 수많은 베이비 사인을 다 배워야만 큰 효과를 본다는 건 아닙니다. 중심이 되는 베이비 사인을 몇 가지를 익히는 것만으로도 소통의 초기 단계가 확 바뀔 수 있으니까요. 여러분이 아기의 개월 수, 능력, 관심사에 따라 골라서 볼 수 있게 다양한 베이비 사인을 설명하는 그림을 수록했습니다.

이 책이 아기와 함께하는 일상에 베이비 사인을 접목하는 것이 얼마나 즐거운지 느끼게 해 주는 쉽고 보기 편한 안내서가 되었으면 합니다. 여러분이 이른 소통의 기적을 발견하고, 아기가 얼마나 똑똑한지 깨닫는 경험을 하길 바랄게요!

책 활용하기

이 책은 새내기 부모, 예비 부모, 조부모, 아기를 돌보는 사람, 보모, 교육자, 보육 교사를 위한 맞춤형 책입니다. 아기의 언어 능력이 발달하기 전에 소통하는 방법을 배우고 싶으신 모든 분께 딱 맞는답니다.

저도 바쁜 엄마로서, 다들 베이비 사인의 역사나 모든 연구 결과를 정리하거나, 아기와 같이 할 만한 1,001가지 활동을 알려 주는 수백 장짜리 책 같은 긴 읽을 시간도, 의지도 없다는 걸 잘 압니다. 이해해요. 이 책은 여러분이 베이비 사인을 시작할 때 꼭 알아야 하는 정보와 성공 비결을 이해하기 쉽게 알려드린답니다.

이 책에서는 가장 실용적인 베이비 사인을 살펴볼 텐데요. 배울 수 있는 베이비 사인은 수천 가지가 있지만 쉽게 시작할 수 있도록 많은 분들의 경험을 바탕으로 괜찮았던 베이비 사인에 초점을 맞췄답니다.

> **책에 진하게 색으로 표시된 단어가 나올 텐데요. 큰 소리로 말하면서 해야 하는 손짓이라는 뜻이랍니다.**

책에 나오는 베이비 사인을 익히려면 꽤 오래 걸리겠지만 더 많은 베이비 사인을 익히고 싶은 분들을 위해 '참고 자료' 부분에 자료를 정리했습니다.

책의 앞부분에는 기초적인 내용이 나옵니다. 1장에서는 베이비 사인의 큰 틀을 살펴본 다음 자주 하는 질문에 답해드릴 거예요. 2장에서는 처음에 배울 만한 10가지 베이비 사인과 시작할 때 바로 쓸 수 있는 도구와 팁을 알려드릴 겁니다. 이러한 유용한 베이비 사인은 아이에게 꼭 필요한데요. 좀 더 큰 아이와 하거나 아기와 이미 베이비 사인을 하고 있다면, 아기가 관심을 보이는 주제로 바로 건너뛰어도 됩니다.

나머지 장은 유용한 순서에 따라 주제별로 분류했습니다. 바로 식사 시간, 옷 입기, 목욕 시간과 잘 시간, 놀이 시간, 동물, 가족과 감정인데요. 아기가 베이비 사인을 시작하고 나면 계속 어휘력을 쌓아 주고 싶을 거예요. 이 장에는 그럴 때 활용할 수 있는 훌륭한 것들이 가득 담겨 있답니다.

여러분은 아마 아기에게 몇 가지 베이비 사인을 가르쳐서 답답한 마음을 덜어 내고, 하루하루를 좀 더 편하게 살아 보자는 현실적인 목표를 가지고 이 책을 선택했을 텐데요. 이 책은 그 목표를 확실히 달성시켜 줄거예요! 저는 여러분이 베이비 사인이 기능적 의사소통 그 이상(물론 그 자체로도 놀랍지만)이 될 수 있다는 걸 믿으셨으면 좋겠어요. 기본적인 베이비 사인보다 더 많은 걸 배우고 나면 아기가 무엇을 이해하며, 어떻게 세상 구경을 하는지 보고 반하게 될 거예요. 아기가 밖에서 본 강아지 이야기를 하려고 손짓하거나 여러분과 비눗방울 놀이를 하는 게 얼마나 좋은지를 베이비 사인으로 표현하면 정말 재미있을 거예요. 아기가 말을 배울 때까지 그저 기다리기 보다 좀 더 일찍 아기의 관심사와 개성을 파악할 기회를 얻는 거니까요. 이 신나는 기회를 잘 활용하고, 깜짝 놀랄 준비를 해 두세요!

1장
베이비 사인 시작하기

이 장에서는 여러분이 자신감을 가지고 베이비 사인을 시작하도록 도와드리겠습니다. 시기별 베이비 사인 및 발달 단계를 배울 겁니다. 뿐만 아니라 베이비 사인을 처음 접하는 부모가 가장 많이 하는 질문에 관한 해답도 얻게 될 거예요. 저의 목표는 여러분이 넘쳐흐르는 정보를 찾다가 좌절하는 일 없이 베이비 사인에 박식해지도록 하는 것입니다. 여러분이 이 책을 읽고 있다는 건 말을 배우기 전인 아기와 소통하는 데 베이비 사인이 기가 막히게 좋은 방법이라는 점을 이미 알고 있다는 뜻이니까요.

이제 유용한 정보를 얻으러 가 봅시다!

베이비 사인이란 무엇인가요?

저는 베이비 사인을 이렇게 정의합니다.

"언어 습득 이전 단계의 아기와의 조기 소통을 촉진하고자 손짓, 어휘, 입말을 함께 사용하는 훈련"

모든 아기는 보디랭귀지를 따로 배우지 않아도 몸짓으로 표현할 수 있습니다. 손을 흔들고 손가락질을 할 줄 알게 되며, 안아달라는 뜻으로 팔을 자주 들어 올리기도 하죠. 이는 대근육 및 소근육 운동 기능(팔과 손을 움직이는 능력)이 언어 능력보다 먼저 발달하기 때문입니다. 베이비 사인은 실용성을 더 높이고자 아기의 선천적인 몸짓 능력에 의존합니다. 장담컨대 정말 쉽습니다. 그저 믿고 따라오세요. 8개월 된 아기가 할 수 있다면, 여러분도 할 수 있으니까요!

앞서 베이비 사인은 보디랭귀지라는 걸 말씀드렸는데요. 여러분이 이 책에서 배울 모든 베이비 사인은 그 중 세계에서 가장 많이 사용되는 미국의 보디랭귀지입니다. 여러분은 미국의 보디랭귀지를 통해 장을 유창하게 구사하려고 애쓰는 것보다 훨씬 더 쉽게 기초 어휘를 가르치거나 의사를 전달할 수 있을 겁니다. 아기와 소통할 기본적인 베이비 사인을 배우는 건 아주 간단한 외국어 단어를 배우는 것과 같습니다. **강아지**(47쪽), **물**(65쪽), **나무**(108쪽) 등 완전한 문장이 아닌 단순한 표현을 배웁니다.

베이비 사인을 하면 어떤 점이 좋을까요?

- 아기와 부모 사이의 정서적 안정과 애착 관계를 형성합니다.
- 아기의 유용한 표현 수단이 되어 불만이 줄어듭니다.
- 일찍부터 아기의 관심사와 개성을 파악할 수 있습니다.
- 한글과 영어를 함께 배울 때 연상 작용을 통해 배움의 속도를 높여줍니다.
- 도구 없이 재미있는 놀이 교육이 가능합니다.

베이비 사인을 가르치는 시기

제가 베이비 사인과 관련해서 자주 받는 첫 번째 질문은 "언제 베이비 사인을 시작하는 게 제일 좋을까요?"입니다.

간단히 말하자면, 아무 때나 시작해도 됩니다. 단, 중요한 건 기대는 현실적으로 해야 한다는 점입니다.

베이비 사인을 하는 건 앉기, 기어 다니기, 걷기 같은 여느 주요 발달 단계와 다를 게 없습니다. 모든 아기는 서로 다르고, 각자에게 적절한 시기도 따로 있습니다. 아래에 시기별로 예상되는 일반적인 기준이 제시되어 있지만, 아이는 자기 속도에 맞춰서 발달한다는 점을 잊지 마세요.

- 일부 아기는 5개월이라는 이른 나이에 첫 베이비 사인을 시작한다.
- 대부분의 아기는 8개월에서 12개월 사이에 베이비 사인을 한다.
- 일부 아기는 돌이 지난 이후에 첫 베이비 사인을 시작하기도 한다.

지금 시작하되, 아기가 6개월 미만이라면 첫 베이비 사인을 하기까지는 시간이 좀 걸릴 수 있다는 점을 유념해 주세요. 그래도 포기는 하지 마세요! 꾸준히 베이비 사인을 하면서 앞 장에 나온 조언을 따른다면 모든 아기가 표현하게 될 테니까요.

재미있게 가르치기

아기에게 베이비 사인을 가르칠 때는 여러분과 아기 모두 즐거워야 합니다. 그게 바로 제가 장마다 후반부에 재미있게 베이비 사인하기를 넣은 이유입니다. 여기에 나오는 쉬운 노래, 책, 놀이는 아기와 베이비 사인을 연습할 때 활용할 수 있는 또 하나의 학습 도구가 된답니다. 동요나 그림책 읽고 놀이를 하는 동안 주요 단어의 베이비 사인을 할 수 있도록 밑에 그림도 넣었답니다. 게다가 따로 준비해야 할 재료도 거의 없으니 그저 유머 감각과 새로운 시도를 하려는 의지만 있으면 됩니다!

책에서 배운 동작을 실제로 하는 모습을 보는 것도 도움이 될 텐데요. 타이니 사인즈® 웹 사이트(TinySigns.net/book-owner)에 이 책에 수록된 모든 단어를 담아 제작한 영어로 된 **무료 동영상 사전**이 있으니 이곳에서 각 동작을 시연하는 짧은 동영상을 참고하시면 좋습니다.

주요 발달 단계

베이비 사인을 시작할 때 아기와 소통할 때 단계별로 예상되는 발달 사항을 미리 알고 있으면 도움이 되겠죠. 아래의 정보를 참고하면 일반적인 언어 능력 및 몸짓의 발달 단계를 모두 파악할 수 있습니다. 물론 모든 아기는 서로 다르므로, 이러한 단계는 참고 사항일 뿐이라는 걸 잊지 마세요. 언어 발달이 걱정된다면 다음번 검진 때 의사 선생님께 꼭 말해야 합니다.

한눈에 알아보는 영유아 발달

0~6개월
- 아기의 시야가 아직 발달하고 있어서 30~60㎝ 이내의 거리에서 베이비 사인을 해야 한다.
- 아기의 기억력이 계속해서 발달하는 중이다.
- 머리 위로 들기, 뒹굴기, 도움받아 앉기 같은 운동 기능을 사용하는 모습이 나타난다.
- 아기는 손과 팔의 힘을 조절하는 능력을 기르는 중이다.
- 아기는 첫 베이비 사인을 하기 전부터 몸짓을 알아보고 반응할 수 있다.
- 이 시기에 베이비 사인을 시작하면 습관화 및 어휘력 형성 측면에 도움이 된다.
- 대부분 8개월이 될 때까지는 첫 베이비 사인을 하지 않을 것이므로 기대는 현실적으로 해야 한다.

6~12개월
- 큰 운동 발달이 빠른 속도로 일어나기 시작한다(앉은 상태에서 움직이기, 기어 다니기, 붙잡고 매달리기, 걸음마 떼기).
- 아기가 혼자 힘으로 앉기 시작하며, 붙잡지 않고도 걸을 수 있어서 손과 팔을 사용해 베이비 사인을 할 수 있다.
- 아기가 이전보다 적극적으로 세상을 구경하기 시작한다.
- 아기들 대부분은 이 시기 후반부에 베이비 사인을 한다.

12개월 이상
- 아기는 걷는 법을 배우고, 혼자 힘으로 설 수 있으며, 계단을 기어오를 수 있다.
- 아기의 이해하는 언어(수용 언어)가 고도로 발달한다.
- 언어 능력이 발달하기 시작하고, 처음으로 단어를 말한다.
- 언어 이해와 소통 능력 사이의 격차 때문에 아기와 아기를 돌보는 사람이 낙담하곤 한다.
- 아기들은 이 단계에서 아주 빠른 속도로 베이비 사인을 배우기 시작한다!

언어 발달 단계 VS 손짓 발달 단계

0~6개월

언어
- 웅얼거리며 좋아한다.
- 까르륵 소리를 낸다.
- 옹알이한다.
- 목소리에 반응한다.

손짓
- 베이비 사인을 알아보고 반응할 수 있다.
- 옹알이하며 손장난을 한다.
- 첫 손짓을 할 수 있다.

6~12개월

언어
- 발성 범위가 넓어진다.
- 소리를 흉내 낸다.

손짓
- 베이비 사인을 알아본다.
- 1~10가지(혹은 그 이상)의 베이비 사인을 할 수 있다.

12~18개월

언어
- 처음으로 단어를 말할 수 있다(엄마, 아빠, 아기).
- 손가락으로 대상을 가리키며 관심사를 표현할 수 있다.
- 익숙한 내용과 관련된 여러 핵심 단어(강아지, 이불 등)를 이해한다.
- 한 단계로 이루어진 간단한 지시를 따를 수 있다 ("배 만져봐!").

손짓
- 1~50가지(혹은 그 이상) 베이비 사인을 할 수 있다.
- 베이비 사인을 결합해 간단한 문장을 표현할 수 있다("물 더").

18~24개월

언어
- 1~20가지 이상의 단어를 말할 수 있다.
- 가끔 알아들을 수 없는 말을 재잘거린다.
- 한 단계에서 두 단계로 이루어진 간단한 지시를 따를 수 있다.

손짓
- 100가지 이상의 베이비 사인을 할 수 있다.
- 말과 베이비 사인을 동시에 할 수 있다.
- 베이비 사인을 결합해 간단한 문장을 표현할 수 있다.

24개월 이상

언어
- 50~100가지 이상의 단어를 말할 수 있다.
- 간단한 문장을 말한다("아빠 잘 가").

- 부모와 아기를 돌보는 사람들은 이 단계에서 아이의 말을 잘 알아듣지 못할 수 있다.

손짓
- 말과 베이비 사인을 함께 사용해 소통한다.
- 말을 분명하게 설명하려고 베이비 사인을 사용한다.
- 말을 하게 되면서 자주 하던 베이비 사인을 그만하게 될 수 있다.

자주 하는 질문

베이비 사인과 관련해 가장 많이 질문하는 것들을 모아 답변해 드리겠습니다.

베이비 사인을 배우고 가르치는 게 어려울까요?

전혀 어렵지 않아요! 시작하기 전에 베이비 사인 몇 가지만 배우면 됩니다. 그런 다음에 몇 가지를 더 추가하면서 아기와 계속 배워 나가면 돼요. 미국의 보디랭귀지는 보통 눈에 보이는 것과 비슷하게 표현되는 경우가 많아서 배우기 쉽습니다. 지금 50쪽을 펴서 **책**을 나타내는 베이비 사인이 **책**을 얼마나 쏙 빼닮았는지 한번 확인해 보세요! 각 베이비 사인 설명 옆에 '쉽게 기억하는 팁'도 적어 뒀답니다.

베이비 사인을 가르치려고 특별한 걸 할 필요는 전혀 없습니다. 따로 시간을 내서 "가르치는" 것도 권하고 싶지 않아요. 그럴 필요도 전혀 없을 뿐더러 아기가 배워야 한다는 압박감을 받으면 역효과가 날 수 있거든요. 평범한 일상과 재미있는 소통에 그저 베이비 사인만 더해 주면 돼요.

2장에는 '아기의 흥미를 사로잡는 5가지 베이비 사인 방법'이 나와 있습니다. 책 곳곳에서 아기와 재미있고 쉽게 베이비 사인을 할 수 있는 멋진 노래, 책, 놀이도 볼 수 있습니다.

갓 태어난 아기와 베이비 사인을 시작해도 될까요?

출산을 앞두고 있거나 아기가 신생아일 때 베이비 사인을 시작하고 싶다면 아기가 클 때까지 기다릴 필요는 없답니다.

5개월이라는 이른 시기에 베이비 사인을 시작하는 아기도 있어서 앞으로 어떻게 될지는 아무도 모른답니다. 아기가 여러분을 깜짝 놀라게 할 수도 있어요. 다만 이렇게 일찍부터 베이비 사인을 시작하는 게 흔한 일은 아니라서 첫 몸짓을 축하하기까지 꽤 오래 걸릴 수 있다는 것만 꼭 기억해 주세요. 그래도 여러분이 포기하지만 않는다면 아기는 첫 베이비 사인을 하게 돼 있답니다!

아기가 첫 몸짓을 하기 전이라고 해도 여러분이

베이비 사인을 하면 이를 알아보고 반응한다는 점을 유념해야 합니다. 아기가 따라 하지 않더라도 일찍부터 아기에게 베이비 사인을 하면 소통의 토대를 마련하는 데 도움이 되거든요. 일상에서 일찍부터 사용하면 습관이 되어 베이비 사인이 몸에 배게 될 겁니다.

이렇게 이른 단계에서 아기와 베이비 사인을 할 때 명심해야 하는 중요한 사실이 하나 더 있습니다. 바로 처음 몇 달 동안은 아기의 시야가 발달하는 중이라서 아기의 한 걸음 정도의 범위 내에 있어야 아기가 집중한다는 점이에요. 어떤 베이비 사인을 하든 간에 처음 몇 달 동안에는 아기와 아주 가까운 거리에서 해야 합니다.

어떤 베이비 사인부터 시작해야 할까요?

정말 쉽게 정할 수 있게 해 드릴게요. 2장의 '첫 베이비 사인 10가지'를 보면 제가 추천하는 베이비 사인이 나와 있습니다. 10년 동안 다양한 부모와 아이에게 베이비 사인을 가르친 경험을 바탕으로 엄선한 것들인데요. 유용하고 재미있게 시작할 수 있는 베이비 사인뿐만 아니라 아기에게 처음 가르칠 때 참고할 만한 팁도 있답니다. 언제든 성공할 수밖에 없는 검증된 방법이에요!

유용한 베이비 사인에는 **우유**(41쪽), **먹다**(42쪽), **더**(43쪽), **다 했다**(44쪽), **자다**(45쪽)가 있습니다. 이러한 베이비 사인은 부모나 아기를 돌보는 사람이 가장 궁금해할 만한 것들입니다. 지금 우리 아기는 뭘 하고 싶어 할까? 뭐가 필요할까? 배가 고프려나? 졸리지는 않을까? 같은 것들이죠. 재미있는 베이비 사인으로는 **강아지**(47쪽), **전등**(48쪽), **공**(49쪽), **책**(50쪽), **자동차**(51쪽)가 있는데요. 재미있는 베이비 사인은 아기가 관심 있는 것과 말하고 싶은 것을 나타냅니다(맞아요, 아기는 여러분에게 관심사를 표현하고 싶어 한답니다!). 재미있는 베이비 사인을 넣은 이유는 제 경험상 이것이 아기가 시작하는 데 핵심적인 요소가 될 때가 많기 때문이에요. 아기가 이미 몇 가지 베이비 사인을 익힌 상태여서 음식이나 감정과 관련된 것부터 시작하고 싶다면 필요한 베이비 사인이 나와 있는 장으로 건너뛰세요. 하지만 저는 모든 조언과 방법이 나와 있는 2장을 읽는 것을 더 추천합니다.

아기가 언제쯤부터 베이비 사인을 시작할까요?

이 부분은 아기의 개월 수와 발달 속도에 따라 다릅니다. '언어 발달 단계 VS 손짓 발달 단계'(16쪽)에서 설명했듯이 아기들 대부분은 8개월에서 12개월 범위에 베이비 사인을 시작합니다. 따라서 아기가 6개월 미만이라면 첫 베이비 사인을 보기까지 몇 달 정도 기다릴 수도 있어요. 6개월에서 12개월 사이라면 몇 주에서 몇 달까지 걸릴 수 있고요. 12개월 이상이라면 며칠에서 몇 주까지 걸릴 수 있습니다. 기본적으로 아기가 어릴수록 간절히 바라는 첫 베이비 사인을 보려면 더 오래 기다려야 합니다. 그래도 실망하지 마세요! 기다릴 만한 가치가 있다고 자신 있게 말씀드릴 수 있습니다. 책에 나온 실용적인 조언을 참고하면 분명히 성공할 거예요.

걸음마 단계 아기에게 베이비 사인을 가르치기엔 너무 늦었을까요?

아기가 12개월이 되면 이해할 수 있는 언어가 정말 폭발적으로 발달합니다! 한 단어에서 두 단어 정도 되는 간단한 말밖에 못 하는데도 자기가 들은 모든 것을 거의 이해하죠. 바로 이 시기에 아기가 이해하는 언어(수용 언어)가 아주 중요한 소통 수단이 됩니다. 아기가 걸음마 단계(일반적으로 12개월에서 36개월 사이)인 데다가 아직 베이비 사인을 시작하지 않았다면 너무 늦은 건 아닌지 걱정될 거예요. 아기가 태어난 첫해는 정말 순식간에 지나가잖아요. 답답해하는 아기를 발견하기 전까지는 베이비 사인할 생각조차 못 했을 수 있고요. 걱정하지 마세요! 전혀 늦지 않았으니까요. 다행히도 이 시점에는 아기가 빠른 속도로 베이비 사인을 배울 확률이 높답니다.

이 단계에서는 아기의 짜증이 큰 문제가 되곤 하는데요. 대부분 소통이 안 되어서 좌절감을 느끼기 때문에 짜증을 내게 됩니다. 베이비 사인은 바로 이런 경우에 큰 도움이 됩니다. 아기도 하고 싶은 말이 많습니다. 생각하는 것과 바라는 것을 표현할 수단이 있어야 합니다.

더는 베이비 사인을 망설이지 마세요. 당장 뛰어들어서 아기가 제일 좋아하는 음식, 장난감, 놀이를 표현하는 베이비 사인을 배우기 시작하세요. 아기의 불만이 줄어들고 모두가 행복해질 테니까요.

베이비 사인은 아기가 하기 어렵지 않을까요?

강아지(47쪽)나 **모자**(79쪽) 같은 사인은 아기도 꽤 쉽게 할 수 있지만, **나비**(110쪽)나 **자매**(146쪽) 같은 사인은 더 어렵습니다. 그런데 말 또한 마찬가지입니다. 말을 막 배우기 시작한 아기에게는 엄마나 아빠 같은 단어가 코끼리나 양말보다 쉽습니다. 그렇다고 해서 아기에게 어려운 단어를 가르치면 안 되는 걸까요? 당연히 아니죠! 아기도 복잡한 단어를 제법 잘 이해합니다. 가능하면 최대한 따라 하려고 노력하고요(귀여운 실수를 하는 경우가 많죠!). 우리는 아기가 최선을 다해 코끼리라고 말했지만, 실제로는 "고키이"처럼 들리더라도 그저 기뻐하며 정확하게 발음할 수 있도록 계속해서 이끌어 주면 됩니다. "맞아, 우리 아가. 코끼리야. 기다란 코 좀 봐!"라고 하면서요.

베이비 사인도 다를 게 없습니다. 여러분이 가르

치는 베이비 사인을 아기는 최선을 다해 흉내 낼 거예요. 어떤 베이비 사인은 꽤 잘 따라 하겠지만, 그렇지 않을 때도 있겠죠. 우리는 보디랭귀지와 말하기 초기에 나타나는 이러한 시도를 "근사어"라고 부릅니다. 아기가 최대한 노력하고 있다는 점을 어려운 말로 표현한 거죠. 베이비 사인을 가르칠 때도 말을 가르칠 때와 마찬가지로 쉬운 것만 할 필요는 없습니다. 아기가 초기에 하는 베이비 사인은 여러분이 하는 것과는 많이 달라 보인다는 것만 기억해 주세요. 그래도 괜찮습니다. 정확하게 베이비 사인할 수 있도록 계속 이끌어 주면서 아기의 노력을 격려해 주세요.

아기의 베이비 사인을 고쳐 주거나 바로잡아 줄 필요는 없습니다(그렇게 하면 아기가 베이비 사인에 부담을 느낄 수 있거든요). 그러니 아기가 표현하는 방식을 적어 둔 다음 계속해서 올바른 방향으로 이끌어 주세요. 때가 되고 능력이 발달하면 아기도 여러분의 베이비 사인처럼 발전할 테니까요. 여러분이 "근사어"를 알아볼 수 있도록 아기의 베이비 사인이 초기에 어떻게 보일 수 있는지 알려 드릴게요.

베이비 사인 때문에 말을 늦게 배우지 않을까요?

한마디로 말하자면, 그렇지 않아요. 이를 주제로 진행된 많은 연구 결과에 따르면 베이비 사인은 오히려 언어 발달에 긍정적인 영향을 미칩니다. 그중 가장 영향력이 있는 건 캘리포니아대학교 연구원들이 1980년대에 한 연구입니다. 연구원들은 손짓과 몸짓에 노출된 아기들과 언어에만 노출된 아기들과 비교한 연구에서 베이비 사인이 실제로 언어 발달 정도를 높였다는 점을 발견했답니다. 베이비 사인이 아기의 언어 발달을 방해하지 않으니 자신 있게 시작하세요. 오히려 도움이 될 거예요!

모두가 아기와 베이비 사인을 해야 할까요?

배우자나 조부모, 베이비시터 모두가 아기와 베이비 사인을 한다면 정말 좋겠지만, 그러지 않아도 괜찮습니다. 물론 가능하면 다 같이 한배를 타는 게 좋기는 하죠. 일단 베이비 사인을 시작했다면 주변 사람들도 아기와 시간을 보내면서 어떤 베이비 사인을 하는지 보게 한 다음 방법을 알려 줘도 됩니다. 하지만 주변 사람들이 새로운 걸 배우려는 의지가 없다면 하지 않아도 돼요. 그냥 여러분이 아기와 함께 시간을 보낼 때 계속 베이비 사인을 해 주세요. 혼자서만 하더라도 성공할 수 있습니다.

처음에는 꺼렸던 사람들도 아기가 베이비 사인을 시작하면 생각을 바꿀 거예요. 처음에는 베이비 사인을 꺼렸던 사람들도 아기가 베이비 사인을 하기 시작하면 생각을 바꿀 거예요. 베이비 사인이 얼마나 대단하고 도움이 되는지도 깨닫겠죠. 일단 아기가 베이비 사인을 시작하면 손짓은 어떻게 하며, 그게 무엇을 의미하는지 아기를 돌보는 모든 사람과 공유해야 합니다. 앞서 말했듯이, 아기가 초기에 하는 베이비 사인은 완벽하지 않아서 어떻게 하면 알 수 있는지 알려야 하거든요. 예를 들면 여러분이 아기에게 **더**(43쪽)라는 베이비 사인을 가르쳤는데 아기가 검지로 손바닥을 누르는 것처럼 **더**를 표현한다면, 이는 "더" 달라는 뜻이라고 알려 줘야 한다는 거죠. 아기를 돌보면서 참고하도록 잘 보이는 곳에 적어 둬도 좋습니다. 처음에는 베이비 사인을 가르치는 데 그다지 관심이 없었던 사람이라도 일단 소통을 시작하고 나면 베이비 사인을 이해하는 방법을 알고 싶어 할 거예요. 베이비 사인은 모두의 삶을 편하게 해 주니까요!

다행히도 베이비 사인이 보육 환경에서 점점 더 보편화되고 있으니 여러분이 별 탈 없이 베이비 사인을 할 수 있을 겁니다. 아기를 돌보는 사람이 베이비 사인을 하다가 궁금해하거나 고민되는 점이 있을 때 참고할 수 있도록 이 책을 건네 주세요.

이중 언어 가정에서는 어떻게 베이비 사인을 어떻게 해야 할까요?

아기와 두 가지 언어를 사용하는 가족이 "베이비 사인을 하면 더 헷갈릴까요?"라는 질문을 자주 받습니다. 저는 늘 "절대 아닙니다"라고 자신 있게 말씀드립니다. 베이비 사인은 두 언어 사이를 연결하는 데 도움이 되고 학습 진행 속도를 높여 주며, 원활한 소통에 도움을 줍니다.

방식은 이렇습니다. 아기가 이해하는 언어(수용 언어)가 발달하면 말과 대상의 연상 작용을 시작합니다. 예를 들면 아기는 고양이라는 말이 집 안을 돌아다니는 털복숭이를 의미한다는 것을 알게 되는데요. 한국어와 영어를 함께 사용하는 가정의 아기는 '고양이 = 캣 = 털 많은 동물'이라는 연결 고리를 발견하게 됩니다.

이중 언어를 사용하는 아기와 베이비 사인을 할 때는 이 과정을 훨씬 쉽게 할 수 있습니다. 사인으로 **고양이**(123쪽)를 표현하는 동안 한국어로 "고양이"라고 말하고, 손으로 한 번 더 **고양이**를 표현하면서 "캣"이라고 말하면 됩니다. 아기에게 두 단어가 같은 뜻이라는 점을 알려 주면서 결과적으로 학습 속도도 높이는 거죠.

이중 언어를 사용하는 아기와 베이비 사인을 하면 아기가 두 언어를 얼마나 이해하는지 파악할 수 있습니다. 이중 언어를 사용하는 아기와 베이비 사인을 하면 아기가 두 언어를 얼마나 이해하는지 파악할 수 있는 기회가 됩니다. 저와 함께 수업을 들었던 가족을 예로 들어 볼게요. 이 가족은 할머니와 할아버지께서 중국어로 복숭아 얘기를 꺼내자 아기가 베이비 사인으로 **복숭아**(59쪽)를 표현하는 걸 보고 깜짝 놀랐습니다. 그전까지는 아기가 중국어를 얼마나 알아듣는지 도무지 알 방법이 없었으니까요!

아기와 두 가지 언어로 소통할 예정이라 베이비 사인을 하면 더 혼란스러워지는 건 아닌지 염려되더라도 걱정하지 마세요. 베이비 사인은 이중 언어 가정이 더욱 원활하게 소통하도록 도와주는 아주 훌륭한 수단이니까요!

이 책에는 가장 적절하고 도움이 되는 베이비 사인이 들어 있습니다. 여러분이 저와 비슷하다면 베이비 사인을 배우는 것에 빠져서 이 책에 나오는 베이비 사인보다 더 많은 걸 배우고 싶어질 거예요. 정말 멋진 일이죠! 만약 그렇다면 책 뒷부분에 있는 '참고 자료' 페이지에서 베이비 사인을 더 배울 수 있는 웹 사이트를 확인해 보세요.

언어 지체 및 특수 교육이 필요한 아동에게도 도움이 되는 베이비 사인

증후군, 자폐 범주성 장애, 실행증(대뇌의 특정 부위 손상으로, 신경에 이상이 없음에도 의도하는 행위를 할 수 없는 증세) 등과 같이 발달 단계상의 문제가 아이의 소통 능력에 큰 영향을 주는 경우가 많습니다. 이러한 난관은 아이가 정확하게 말하는 능력뿐만 아니라 말을 하는 것 자체에도 영향을 줄 수 있는데요. 베이비 사인은 원하는 것을 말로 표현하지 못하는 아이와 소통하려고 애쓰는 데 어려움을 겪는 가족을 구원해 줄 수 있습니다.

발달 단계상의 문제는 보통 아이가 유아기를 지난 후에 나타나는 경우가 많습니다. 그래서 부모님들이 베이비 사인의 효과를 볼 기회를 놓친 건 아닌지 고민하기도 하는데요. 절대 늦지 않았다고 말씀드리고 싶습니다. 베이비 사인은 어떤 아이와도 할 수 있기 때문이에요. 나이와도 상관없고, 단어를 말하지 못하거나 말로 소통할 수 없더라도 괜찮답니다.

특수 교육이 필요한 아동에게 베이비 사인을 가르치는 것은 영유아를 가르칠 때와 크게 다르지 않습니다. 이 책 2장에서 설명하는 '시작할 베이비 사인 고르기', '베이비 사인을 가르치는 방법'을 참고하세요.

특수 교육 요구 아동에게 베이비 사인을 가르치는 경우에는 아이만의 역량과 능력을 바탕으로 첫 손짓을 하기까지 걸리는 기간에 대한 기대치를 조절해 주세요. 아이에게 자주, 그리고 꾸준히 가르치고 싶은 베이비 사인을 천천히 보여 주고요. 분명하게 발음해서 아이에게 단어를 보고 들을 기회를 충분히 주세요. 아이가 거부하지 않는다면 손을 부드럽게 잡고 스스로 베이비 사인을 하는 방법을 알려 주세요. 인내심을 갖고 격려해 주면서요.

아이가 베이비 사인을 하길 기다릴 때는 운동 기능, 관절 가동 범위 등 아이의 능력에 따라 손짓하는 데 한계가 있다는 점을 유념해 주세요. 의미가 있으면서 반복적으로 나타나는 모든 움직임을 유심히 지켜본 다음에 여러분과 비교해 보고 어떤 베이비 사인인지 파악하세요. 베이비 사인으로 여러분과 소통하는 아이의 놀라운 능력을 칭찬해 주고, 아이에게 세상과 연결되는 도구를 건네준 스스로의 등을 토닥여 주세요.

2장
첫 베이비 사인 10가지

베이비 사인을 시작할 때는 제일 먼저 어떤 손짓부터 할 것인지를 정해야 합니다. 이 장에서는 제가 추천하는 첫 베이비 사인 10가지를 살펴볼 텐데요. 가장 유용한 베이비 사인과 가장 재미있는 베이비 사인 두 가지로 나뉘어 있습니다. 유용한 베이비 사인은 아기를 돌보는 사람이 '베이비 사인'하면 떠올리는 것들입니다. **우유**(41쪽)나 **먹다**(42쪽) 같은 것들이죠. 재미있는 베이비 사인은 아기의 관심사와 학습 의욕과 관련이 있어서 중요하고요. 보통 처음에 할 만한 손짓에는 **강아지**(47쪽)와 **공**(49쪽)이 있답니다.

처음에 적당한 베이비 사인을 잘 골라야 아기도 더 빨리 시작할 수 있습니다. 많은 부모가 원활한 소통을 통해 답답한 마음을 덜어 내고자 하는 기대감을 가지고 베이비 사인을 시작합니다. 베이비 사인은 정말로 그런 미래를 열어 주죠. 하지만 빨리 성공하고 싶다면 기존의 틀에서 벗어나는 것에서부터 출발해야 합니다. 여러분이 이 장을 시작할 때는 몇 가지 베이비 사인을 골라야 하고, 언제부터 추가해야 하는지도 알게 될 거예요.

그러나 이 장에서 제일 중요한 건 아기에게 베이비 사인을 가르치는 방법을 배우는 거예요. 성공을 위한 특별한 팁과 방법뿐만 아니라 일상에 베이비 사인을 더하고 아기의 관심을 사로잡는 방법도 나온답니다. 여러분과 아기 모두가 베이비 사인에 흥미와 매력을 느껴야 하니까요.

유용한 사인, 재미있는 사인

부모와 아기를 돌보는 사람은 처음에 베이비 사인을 고를 때 매일 쓰는 실용적인 단어부터 떠올리곤 합니다. **엄마**(143쪽), **우유**(41쪽), **기저귀**(73쪽), **자다**(45쪽) 같은 단어들이죠. 아기를 먹이고, 갈아입히고, 낮잠을 재우면서 하루를 보냈을 테니 당연한 겁니다.

저는 이러한 베이비 사인을 유용한 베이비 사인이라고 부릅니다. 아기가 배가 고프거나, 졸리거나, 기저귀를 갈아야 할 때를 바로 알 수 있어서 일상이 훨씬 더 편해지니까요. 유용한 베이비 사인은 아기를 먹이고, 갈아입히고, 낮잠을 재우는 매 상황마다 활용할 수 있다는 장점이 있습니다. 아기와 베이비 사인을 연습할 기회가 아주 많다는 거죠.

이 장에서 여러분께 가르쳐 드릴 유용한 베이비 사인은 **우유**(41쪽), **먹다**(42쪽), **더**(43쪽), **다 했다**(44쪽), **자다**(45쪽)입니다. 베이비 사인을 가르치는 팁과 더 자세한 내용은 다음 페이지에 나옵니다. **기저귀**(73쪽), **갈다**(73쪽), **똥을 싸다**(75쪽), **깨끗하다**(75쪽), **더럽다**(76쪽)처럼 기저귀를 가는 것과 관련된 베이비 사인은 굉장히 실용적인데도 첫 베이비 사인에 들어가지 않아 의아할지도 모르겠는데요. 좀 더 어려워서 이후에 4장에서 시작한다는 점을 유념해주세요.

재미있는 사인은 아기가 베이비 사인에 흥미를 느끼고 이를 시작하게 해줍니다. 베이비 사인을 성공하려면 아기의 관심사를 활용하면 됩니다. 재미있는 베이비 사인의 종류는 아기의 성향에 따라 달라집니다. 한 가지 방식으로만 표현해도(우는 것) 기본적인 욕구가 충족된다면, 과연 다른 방법으로 소통해야겠다는 생각이 들까요? 재미있는 베이비 사인은 아기가 직접 베이비 사인을 하여 여러분에게 "이야기"를 하게 해줍니다. 여러분이 알아듣는다는 걸 알게 되면 아기도 유용한 베이비 사인을 익힐 거예요. 재미있는 베이비 사인을 고를 때의 핵심은 무엇이 아기의 관심을 사로잡는지 파악하는 데 있답니다. 이미 알고 있을 수도 있지만요. 아기가 무엇을 볼 때마다 발로 차나요? 아니면 손가락으로 가리키거나, 미소를 짓거나, 소리를 내나요? 잘 모르겠다면 오늘이나 내일 아기를 한번 살펴보세요. 시작할 때 해 보면 도움이 될 만한 질문 몇 가지를 소개합니다.

아기가 푹 빠져 있는 대상이 있나요? **전등**(48쪽)이나 **치즈**(64쪽) 같은 거 말이에요.

집을 한번 둘러보세요. **물고기**(126쪽)가 사는 큰 어항이 있나요? **고양이**(123쪽), **강아지**(47쪽)와 같은 반려동물은요?

아기가 제일 좋아하는 장난감이 있나요? **기린**(134쪽) 모양 치아 발육기나 애착 **이불**(93쪽) 같은 건 어때요?

이렇듯 아기마다 재미있는 사인이 다르지만, 일반적으로 인기 있는 검증된 베이비 사인을 알려 드릴게요. 이 장에서 배울 재미있는 베이비 사인은 처음 베이비 사인을 시작할 때 믿고 쓸 만한 것들이랍니다. **강아지**(47쪽), **전등**(48쪽), **공**(49쪽), **책**(50쪽), **자동차**(51쪽) 등인데요. 다음 페이지에 베이비 사인하는 방법이 설명되어 있을 뿐만 아니라 함께 활용하면 좋은 놀이도 나온답니다.

베이비 사인을 가르치는 방법

아기에게 베이비 사인을 가르친다고 하면 어려울 것 같지만, 정말 쉽습니다. 베이비 사인은 손을 흔들거나, 뻗고, 손벽을 치는 것처럼 자연스러운 몸짓을 바탕으로 하거든요. 아기에게 잘 가라고 손 흔드는 걸 가르치는 게 너무 어려웠다는 사람을 본 적 있으신가요? 당연히 없겠죠! 손을 흔들면서 "잘 가"라고 말하는 모습을 여러 번 보여 주면 따라 하기 시작하고, 나중에는 시키지 않아도 알아서 하니까요. 베이비 사인도 똑같아요. 아래에 아기가 두려움 없이 배우도록 이끌어 주는 팁을 적어 뒀답니다. 재미있을 거예요!

시작할 베이비 사인 고르기

처음에는 가장 유용한 베이비 사인(40쪽) 두 가지와 가장 재미있는 베이비 사인(46쪽) 두 가지, 이렇게 총 **네 가지 베이비 사인**으로 시작하는 걸 추천합니다. 배우기 적절한 양인 데다가 자주 쓸 수 있기 때문이죠.

손짓 네 가지를 잘 고르면 그중에 적어도 한두 개는 아기가 흥미를 느끼게 할 수 있습니다. 그다음에는 아기가 베이비 사인을 익히기 시작할 거고요. 한 개나 두 개보다 더 많이 고르고 싶으면 그렇게 해도 됩니다. 한 개나 두 개보다 더 많이 고르고 싶으면 그렇게 해도 됩니다. 다만 초기에는 아이가 하는 베이비 사인을 알아보기 어려워요. 처음부터 베이비 사인을 많이 시도하면 아기가 어떤 사인을 하려는 건지 파악하기 어렵다는 점을 유의해 주세요.

상황에 맞춰 베이비 사인하며 단어 반복하기

아기와 베이비 사인을 할 때는 항상 손짓하면서 단어를 같이 말해 주세요. 아기는 여러분이 하는 말을 보고 들으면서 언어를 배웁니다. 베이비 사인을 할 때 단어를 같이 말하면 아기가 언어에 더 많이 노출돼서 말과 손짓을 연결할 기회도 같이 얻게 됩니다.

부모와 아기를 돌보는 사람은 생활하면서 자연스럽게 아기에게 이야기를 들려주곤 합니다. 아기에게 말할 때는 핵심 단어를 반복하게 되는데요. 예를 들면 "저기 **새**(124쪽)가 보이지? **새**가 정말 알록달록하다! **새**한테 달린 파란 날개 보이니? **새**가 벌레를 찾고 있네. **새**가 배고픈가 봐!" 같은 거죠. 이러한 말투는 보통 "유아어"라고 합니다. 반복적으로 평소에 자주 쓰는 단어를 여러 번 들려주는 거죠. 핵심 단어를 말할 때 베이비 사인도 같이하면 아기가 새로운 언어를 익힐 수 있어서 좋습니다.

처음 시작할 때는 항상 주변 상황에 맞춰서 베이비 사인을 해야 합니다. **공**(49쪽)을 할 때는 **공**이 있어야 하고, **고양이**(123쪽)를 할 때는 **고양이**가 곁에 있거나 읽고 있는 **책**(50쪽)에 나와야 한다는 것이죠. 상황에 맞춰서 베이비 사인을 하면 아기가 손동작과 의미를 연결하는 데 도움이 된답니다.

아기 시야에 맞춰 베이비 사인하기

아기에게 베이비 사인을 가르치려면 반드시 여러분이 하는 손동작을 보여 줘야 합니다. 아기에게 말을 할 때면 아기가 여러분의 얼굴을 보고 있는 경우가 많을 텐데요. 아기가 여러분이 베이비 사인하는 걸 보게 하려면 손이 아기의 시야에 들어갈 수 있게 바꿔서 베이비 사인을 해야 합니다. 예를 들면 **다 했다**(44쪽)라는 단어는 원래 몸통 앞에서 합니다. 하지만 아기에게 베이비 사인을 할 때는 손을 들어 얼굴 가까이에서 해야 더 쉽게 볼 수 있습니다.

재미있게 시작하기

베이비 사인에서 가장 중요한 성공 법칙은 재미있어야 한다는 겁니다! 재미있게 시작해야 여러분과 아기 모두가 좋은 경험을 할 수 있거든요. 아기들에게는 노는 게 곧 공부입니다. 여러분이 베이비 사인을 집안일처럼 여기면 아기도 그럴 거예요. 마음을 편히 가지세요. 우스꽝스러운 목소리를 내고 활기찬 표정을 지으면서요. 어색함은 내려놓고 아무도 안 본다고 생각하면서 베이비 사인을 하세요. 여러분이나 아기가 컨디션이 안 좋을 때는 쉬었다가 다음 날에 다시 시작하세요. 아기도 짜증이 나고 피곤하면 새로운 걸 배우지 못한답니다.

베이비 사인을 추가하는 시기

아기와 꾸준히 베이비 사인을 하고 나면 언제쯤 더 배우면 좋을지 고민될 텐데요. 베이비 사인을 추가하면 좋을 만한 시기가 두 번 있습니다. 첫 번째는 꾸준히 연습하고 나서 이제 더 배워도 되겠다는 느낌이 들 때입니다. 이때 처음에 시작했던 베이비 사인에 덧붙이는 거라는 점을 잊지 마세요. 하던 베이비 사인을 그만두면 안 됩니다! 예를 들면 아기가 3개월이었을 때 베이비 사인을 시작해서 몇 주 동안 네 가지를 연습했다면 추가해도 괜찮을 거예요.

두 번째는 아기가 베이비 사인을 하기 시작했을 때랍니다. 때가 된 거죠! 일단 성공했으니 어휘를 확장하고 더 많은 베이비 사인을 가르치면서 속도를 내고 싶을 겁니다. 추가할 베이비 사인은 여러분이 그동안 배운 손짓으로 아기와 소통하는 데 얼마나 익숙한지에 따라 크게 달라질 거예요. 매주 새로운 베이비 사인을 가르치고 싶을 수 있고, 매일 새로운 걸 가르칠 수도 있으니까요. 정답은 없으니 편한 대로 하면 됩니다.

문제 해결하기

베이비 사인으로 소통하는 건 아이의 마음으로 통하는 마법의 문을 여는 것과 같습니다. 아기가 베이비 사인을 하면 무슨 생각을 하고 있는지 눈으로 보게 되니까요.

베이비 사인이 이렇게 멋지기는 하지만, 때로는 부모와 아기를 돌보는 사람을 혼란스럽게 하는 우여곡절이 찾아오기도 한답니다. 그럴 때는 어떻게 대처해야 하는지 알려 드릴게요.

아기가 베이비 사인을 하는 건지 모르겠어요

앞서 설명한 것처럼 아기가 제일 처음에 하는 베이비 사인은 알아보기 어려울 때가 많습니다. '더(43쪽)를 베이비 사인을 하려는 걸까? 그냥 손뼉 치는 걸까?' 같은 생각을 하게 되죠. 베이비 사인을 놓치거나 다른 걸로 오해하기도 하고요. 아기가 베이비 사인을 하는 게 맞는지 고민된다면 '아기의 베이비 사인 알아보기'(38쪽)와 책 곳곳에 있는 '살펴보기'을 통해 배우세요.

아기가 상황과 관계 없는 베이비 사인만 해요

아기와 소통을 하면 정말 신나는데요! 아기가 베이비 사인을 시작하고 매번 자기가 좋아하는 손짓만 하는 경우도 있습니다. 이로 인해 많이 헷갈릴 수 있는데요. '정말로 **우유**(41쪽)를 또 먹고 싶다는 건가?'라고 고민할 수 있다는 거죠. 만약 그렇더라도 괜찮으니 걱정하지 마세요. "가진 게 망치뿐이면 모든 것이 못처럼 보인다."라는 말이 있잖아요. 아기에게 베이비 사인 한 가지(또는 두 가지)를 가르쳤다는 건 여러분이 아기에게 대단한 망치를 하나 준 것과 같아요. 그러면 아기는 그걸로 뭘 할 수 있는지 확인하려고 한답니다. 상황과 관계없이 똑같은 베이비 사인을 하는 것은 여러분이 더 많이 가르쳐야 한다는 걸 알려 주는 유용한 지표가 되기도 합니다. 아기의 연장통에 도구를 더 담아 줘야 한다는 뜻이죠. 그러니 마음의 준비가 되면 베이비 사인을 더 가르치세요.

베이비 사인 어휘를 확장하는 방법이 궁금하다면 '베이비 사인을 추가하는 시기'(31쪽)를 참고하세요.

아기가 베이비 사인을 안 할만 같아요

몇 주(또는 몇 달) 동안 부지런히 베이비 사인을 했는데 아기가 아무런 반응도 보이지 않으면 정말 맥이 빠질 거예요. 포기하고 싶어질 수도 있겠죠. "아기가 베이비 사인을 하기는 할까요?"라고 물어본다면 제 대답은 "그럼요!"입니다. '언어 발달 단계 VS 손짓 발달 단계'(17쪽)를 보세요. 포기하지 말고요! 제 수강생 분들 중에 아기가 12개월이 지나도록 베이비 사인을 시작하지 않아서 속상해하던 분들이 정말 많았는데요. 나중에 아기가 엄청나게 베이비 사인을 하기 시작하더라고요. 베이비 사인을 많이 아는데다가 새로운 것도 빨리 익혀서 얼마나 놀랐는지 몰라요. 꾸준히 하면 다 베이비 사인을 하게 돼 있으니 포기하지 마세요. 제가 장담합니다! 그리고 아기의 베이비 사인을 놓치면 안 돼요. 의외로 그런 일이 많이 생기거든요. 베이비 사인이 초기에 어떻게 보이는지 알아볼 수 있도록 '아기의 베이비 알아보기'(38쪽)를 참고하세요.

아기가 하는 베이비 사인이 똑같아 보여요

아기가 처음 베이비 사인을 시작하면 **더**(43쪽), **공**(49쪽), **신발**(81쪽)처럼 비슷한 동작이 나오는 베이비 사인들은 거의 똑같아 보여서 구별하기가 쉽지 않습니다. 어떤 베이비 사인을 하는 건지 알 수가 없으니 좌절감이 스멀스멀 올라올 거예요. 그럴 때는 잠시 한 걸음 물러서서 아기가 말도 하기 전부터 여러분과 소통하려고 열심히 노력하는 모습을 기특하게 여겨 주세요. 정말 대견하잖아요! 초기에 보여 주는 어설픈 베이비 사인도 점점 발전되고 나아진다는 걸 꼭 기억해 주세요. 한 달에서 두 달이 지나면 "**공**을 이렇게 베이비 사인을 했던 거 기억나?"라고 말하면서 그 시절을 그리워할지도 모르니까요. 그러니 서두르지 마세요. '아기의 베이비 사인 알아보기'(38쪽)에 나온 조언을 참고해서 아기가 초기에 하는 손짓을 구별하는 방법을 살펴보세요.

아기가 베이비 사인을 틀리게 해요

아기가 초기에 하는 베이비 사인은 여러분이 하는 것과는 상당히 다르지만, 그래도 아무 문제 없답니다. 아기가 최선을 다하는 모습을 칭찬해 주고 계속해서 정확하게 베이비 사인해 주세요. 손짓을 바로잡거나 고쳐 주고 싶은 유혹은 잠재우고요. 손짓을 고쳐 주면 아기가 거부감을 느끼거든요. 베이비 사인이 더 나아지게 하려면 아기가 손짓하는 방식을 기억해 뒀다가 반복해서 올바르게 하는 모습을 보여 주면 돼요. 시간이 흐르고 역량이 발달하면 아기의 베이비 사인도 발전할 테니까요. 아기가 초기에 어떻게 하는지 더 알아보려면 38쪽에 있는 '아기의 베이비 사인 알아보기'를 참고하세요. 책 곳곳에 있는 '살펴보기'에도 팁이 나온답니다.

아기가 베이비 사인을 직접 만들어서 해요

아기가 베이비 사인을 할 줄 알게 되면 말하고 싶은 것을 표현하려고 자기만의 베이비 사인을 만들기도 합니다. 크나큰 발전이죠. 아기가 적극적으로 어휘력을 쌓으려고 하는 거니까요. 그럴 때는 베이비 사인을 다시 정확하게 가르치거나 아기가 만든 것을 그대로 밀고 나가는 것 두 가지 중에 선택하면 됩니다. 아기가 만든 베이비 사인이 **기차**(112쪽)나 **과자**(64쪽)처럼 평소에 자주 쓰는 단어라면, 책의 사인을 가르친 다음에 기회가 있을 때마다 대신 쓸 수 있게 해 주세요. 그러나 아기가 만든 베이비 사인이 애착이 있는 물건이나 집에서 만든 특별한 음식을 나타낸다면 그대로 해도 괜찮습니다.

아기가 이제 베이비 사인을 안 해요

이렇게 과속 방지 턱에 걸려 버리면 더 어리둥절하고 혼란스럽겠죠! 몇 주에서 몇 달 동안 베이비 사인을 알려 줘서 드디어 시작했는데 갑자기 아무 이유도 없이 평소에 하던 걸 안 한다니요. 대체 무슨 일이 일어난 걸까요? 아기의 다른 영역이 발달하는 과정에 있으면 아기가 일시적으로 멈추기도 합니다. 붙잡고 일어나거나 처음으로 계단을 오르는 것처럼 새로운 기술을 깨우치는 데 에너지를 쏟으려는 거죠. 아기가 감기에 걸리거나 이가 새로 날 때도 잠시 쉴 수 있고요. 그런 일이 생기더라도 꾸준히 베이비 사인을 해 주세요. 에너지와 관심을 쏟는 대상이 바뀌면 다시 베이비 사인을 할 테니까요. 이런 일이 일어나면 실망스럽겠지만, 보통 오래가지는 않는답니다. 꿋꿋이 버티세요!

아기가 몇 가지 베이비 사인을 안 해요

아기가 성장하면 재미있는 일이 정말 많이 생깁니다. **면**(61쪽), **복숭아**(59쪽), **시리얼**(60쪽), **요거트**(63쪽),

빵(60쪽)를 베이비 사인을 하던 아기가 모든 음식을 **요거트**로 표현하기 시작할 때도 있으니까요. 그러면 퇴보한 것처럼 느껴질 수 있는데요. 사실은 오히려 한 단계 더 발전한 거예요. 아기가 단어와 대상을 큰 범주로 분류하기 시작했다는 뜻이거든요. 또 하나의 중요한 단계라는 거죠. 그럴 때는 아기 스스로가 얼마나 똑똑한지 깨닫게 해 주세요. "맞아, **요거트**는 우리가 **먹는**(42쪽) 거야!"라고 말하면서요. 아기가 **요거트**를 먹고 싶은 것 같지 않다면 "정말 **요거트**가 먹고 싶어? 아니면 **복숭아** 먹을래?"라고 물어보면서 아기가 하지 않는 베이비 사인을 다시 배우게끔 이끌어 주세요.

꾸준히 하세요

아기가 베이비 사인으로 소통을 시작하고 난 다음에 예상치 못한 행동을 할 수도 있는데요. 실망하지 마세요. 베이비 사인을 하지 않았다면 아예 하지도 못했을 수준의 소통을 하고 있으니까요. 오히려 그때그때 마주치는 과속 방지 턱 덕분에 더 배우기도 한답니다!

아기의 흥미를 사로잡는 5가지 베이비 사인 방법

아기에게 베이비 사인을 가르칠 때 어려운 부분은 아기가 여러분의 손짓을 보기 위해 쳐다봐야 한다는 점인데요. 아기가 여러분이 베이비 사인을 하려고 하는 대상만 보고 있으면 난감하기도 합니다. 예를 들면 **고양이**(123쪽)을 베이비 사인을 하는 방법을 알려 주려고 하는데 **고양이**가 방에 들어올 때마다 아기가 털 달린 친구한테서 눈을 떼지 못하면 어떡할까요?

걱정하지 마세요! 아기의 시선을 사로잡아서 새로운 베이비 사인을 성공적으로 가르칠 수 있는 특별한 팁을 알려 드릴게요.

가까이 다가가세요

아기가 태어난 첫해에는 시야가 계속 발달하기 때문에 아기와 가까운 거리(몇 걸음 이내)에서 베이비 사인해야 합니다. 베이비 사인은 아기의 시야 범위 안에서 할 수 있어서 좋습니다. 아기가 쳐다볼 때까지 기다리는 대신 아기의 활동을 방해하지 않으면서 쉽게 눈앞에서 할 수 있으니까요. 베이비 사인을 아주 효과적으로 알려 주는 방법이랍니다. 아기는 다른 정보를 받아들이는 동시에 베이비 사인과 관련된 정보도 쉽게 흡수할 거예요.

대상을 여러분 쪽으로 가져오세요

아기가 여러분을 보게 하려면 아기가 관심을 두는 대상을 여러분 앞으로 천천히 가져오면 됩니다. 아기의 시선이 대상을 따라서 이동하게 하는 거죠. 예를 들어 아기가 **공**(49쪽)을 들고 있어서 베이비 사인을 보게 하기가 어려우면 여러분 쪽으로 천천히 가져오세요. 무릎에 올린 다음 베이비 사인을 하면서 아기가 어디를 보는지 살펴보는 거죠. 시선이 손이 아니라 무릎을 향한다면 손을 아기의 시야 범위 안쪽으로 옮기고요. 한쪽 손으로는 공을 들고 다른 쪽 손으로는 베이비 사인을 해도 됩니다. 이때 아기를 낙담시키거나 짜증나게 하려는 게 아니라, 아이에게 베이비 사인을 보여 주려고 한다는 점을 유의해야 합니다. 부드럽게 제어했다가 재빨리 되돌려 주세요.

소리를 내세요

아기의 시선을 효과적으로 사로잡을 수 있는 또 다른 방법은 재미있는 소리를 내는 것입니다. 아기는 여러분의 목소리를 좋아하니까 희한한 소리를 내면 쳐다볼 거예요. 웃기거나 우스꽝스러운 소리를 내서 주의를 끌면 됩니다. **강아지**(47쪽)를 베이비 사인을 할 때는 "멍멍" 강아지 소리를 내거나 아기가 관심을 가질 만한 것을 보여 주는 거죠. 딸랑거리는 열쇠 뭉치나 끽끽거리는 장난감처럼 소리가 나는 물건이 있다면 그런 소리를 이용해 시선을 끌 수도 있습니다. 아기가 무슨 일이 생겼는지 보려고 여러분을 쳐다보면 베이비 사인을 보여 줄 기회이니 꽉 잡으세요.

스킨십을 하세요

아기의 몸에 베이비 사인할 수도 있습니다. **강아지**(아기의 허벅지를 부드럽게 두드린다, 47쪽)나 **목욕**(아기의 가슴에 주먹 쥔 손을 부드럽게 문지른다, 89쪽) 같은 베이비 사인이 이 방법을 쓰기에 딱 좋습니다. 다양한 감각을 사용해서 아기에게 베이비 사인을 가르칠 수 있으니까요.

아기의 손을 움직여서 베이비 사인을 하게 도와줄 수도 있습니다. 예를 들면 손을 잡고 **어디**(104쪽)라고 베이비 사인을 하는 방법을 알려 주는 거죠. 단 주의할 점이 있습니다. 이렇게 하는 걸 정말 싫어하는 아기도 있거든요(그러면 긴장하거나 물러서면서 싫다는 표현을 합니다). 아기가 싫어하면 이 부분은 건너뛰세요. 베이비 사인과 부정적인 연결 고리가 생기지 않는 게 좋으니까요. 무엇보다 아기가 정확하게 베이비 사인을 하도록 하려고 애쓰지 마세요. 아기가 이해할 수 있도록 손을 잡고 대략적인 동작만 해 주면 됩니다.

기다려 주세요

새로운 베이비 사인을 가르치는 또 다른 방법은 아기가 여러분을 볼 때까지 그저 기다리는 것입니다. 아기는 부모나 자기를 돌봐 주는 사람이 주어진 상황에 어떻게 반응하는지 보려고 눈으로 자주 확인합니다. 자신을 둘러싼 환경에서 어떤 감정적인 반응이 나타나는지 알아내려고 하는 거죠. 아기가 여러분을 바라볼 때마다 습관을 들이면 여러분이 베이비 사인하는지 확인하려고 더 자주 쳐다볼 거예요. 그러면 새로운 베이비 사인을 가르칠 기회를 더 많이 얻게 된답니다!

아기의 베이비 사인 알아보기

부모와 아기를 돌보는 사람들이 반복적으로 하는 실수가 있습니다. 여러분은 그런 실수를 하지 않기를 바랄게요. 많이들 하는 실수는 이렇습니다. 베이비 사인을 시작하고 몇 주(또는 몇 달) 동안 기회가 있을 때마다 열심히 합니다. 그러면 아기도 따라하기 시작하죠. 문제는 아무도 눈치를 못 챈다는 거예요!

어떻게 그럴 수 있냐고요? 조금만 생각하면 왜 이런 실수를 하는지 쉽게 알 수 있답니다. 아기가 난생처음 단어를 말할 때는 (엄마를 "머머"라고 하듯이) 보통 아주 간단하게 말하잖아요. 아기의 첫 베이비 사인도 마찬가지로 원래의 손짓과 밀접한 관련은 있지만 달라 보일 수 있어요. 그래서 베이비 사인을 알아보기가 정말 어려운 거죠.

베이비 사인은 세 가지의 중요한 요소로 이루어져 있다는 점을 꼭 기억해 주세요. 바로 손동작(손을 움직이는 자세), 위치(몸에서 손짓이 이루어지는 부분), 움직임(손동작)인데요. 예를 들면 **더**(43쪽)는 두 손의 손끝을 모으고 몸 앞쪽에서 베이비 사인을 합니다. 두 손의 끝이 두 번 만나도록 움직여 주죠. 우리 어른들한테는 세 가지 모두를 동시에 정확하게 하는 게 어렵지 않습니다. 그런데 아기는 이 세 가지를 제대로 하기가 어려워요. 베이비 사인을 제대로 했지만 위치가 틀릴 때도 있고, 그 반대일 수도 있거든요. 소근육 운동 기능이 계속해서 발달하고 있어서 손을 펴거나 주먹을 쥐거나 검지만 세우는 것처럼 제한적인 베이비 사인만 할 수 있기 때문이에요. 초기에 아기가 하는 베이비 사인을 지켜볼 때는 이 점을 유념해 주세요.

이렇게 흔히 하는 실수를 하지 않았으면 해서, 책 곳곳에 무엇을 살펴봐야 하는지 팁을 적어 뒀어요. 대부분의 베이비 사인을 설명 옆에 있는 '살펴보기'에서 볼 수 있답니다.

그리고 아기가 베이비 사인을 하고 있다는 것을 알 수 있는 힌트도 세 가지 알려 드릴게요.

단서 #1 의미가 있으면서 반복적인 움직임

아기가 손이나 팔을 반복적으로 움직이기 시작하면 베이비 사인을 하고 있을 확률이 높습니다. 어떤 베이비 사인을 하는 건지 몰라도 괜찮습니다. 아기가 시도했다는 걸 알아봐 주면서 관심 받고 있다는 걸 느끼게 해 주면 돼요. 아기의 행동에 반응해 주고, 노력한 부분을 칭찬하면서 격려해 주세요. 어떤 베이비 사인을 하는 건지 확실히 모르더라도 상황과 평소에 연습했던 베이비 사인을 바탕으로 알아맞힐 수도 있답니다. "손을 움직이고 있네! 무슨 얘기를 해 주려고? 뭘 보고 있니? **벌레**(109쪽) 보고 있어?"라고 하면서요.

단서 #2 아기의 시선이 향하는 방향

아기가 의도적이면서 반복적인 손짓을 하면 아기의 시선이 향하는 방향으로 눈을 돌려 보세요. 정답을 얻을 수도 있으니까요. 아기가 어딘가에 시선을 고정한 채 의도적이면서 반복적으로 움직인다면 베이비 사인을 하고 있을 확률이 높답니다!

단서 #3 반응을 기다리며 여러분을 바라볼 때

아기가 손이나 팔을 반복적으로 움직이면서 기대에 찬 눈빛으로 여러분을 바라본다면 베이비 사인을 하면서 반응을 기다리고 있다는 뜻입니다. 어떤 베이비 사인을 하는 건지 확신이 안 서면 상황과 손동작을 바탕으로 다시 최대한 추측해 보세요.

이제 무엇을 살펴봐야 할지 잘 알겠죠? 잊지 말고 초기에 아기가 노력하는 것들을 알아봐 주면서 격려해 주세요. 베이비 사인을 하는지 잘 모르더라도요. 아기의 뜻을 살피지 않으면 시도하려는 의지가 꺾일 수 있답니다. 우리 모두 그렇게 되는 건 절대 바라지 않겠죠?

가장 유용한 TOP 5 베이비 사인

우유

한 손을 몇 번 쥐었다 폈다 합니다.

쉽게 기억하는 팁
소의 젖을 짜는 모습과 비슷합니다.

베이비 사인하는 상황
아기가 먹을 준비가 됐을 때 **우유**를 베이비 사인을 하면서 "**우유** 먹을래?"라고 물어보세요. 먹여 주는 동안 베이비 사인을 하면서 말도 같이 하면 더 효과적으로 알려 줄 수 있습니다. 분유 수유든 모유 수유든 다 괜찮답니다.

살펴보기
아기가 **우유**를 베이비 사인할 때는 여러분에게 손을 흔드는 것처럼 보일 수 있습니다. **우유**를 베이비 사인을 하는 동안 아기의 손이 몸에 닿으면 가려운 부분을 긁는 것처럼 보이기도 합니다.

먹다

한 손의 손끝을 모은 다음 입에 대고 몇 번 가볍게 두드립니다.

쉽게 기억하는 팁
입 안에 음식을 넣고 있는 모습 같습니다.

베이비 사인하는 상황
먹다는 아기가 딱딱한 음식을 먹기 시작할 때 가르치기 좋은 베이비 사인입니다. 아기가 배고파 보이거나 음식을 먹고 있을 때 **먹다**라고 베이비 사인을 하세요. 아기가 여러분이나 반려동물이 음식을 먹는 모습을 보고 있을 때 **먹다**라고 베이비 사인을 해도 좋습니다.

살펴보기
아기는 입 안에 손가락(손 전체일 수도 있어요)을 찔러 넣으며 베이비 사인을 할 수 있습니다. 얼굴이나 머리를 가볍게 두드리기도 합니다.

비슷한 베이비 사인
먹다와 음식을 나타내는 베이비 사인은 같으므로 두 단어를 말할 때 똑같이 손짓하면 됩니다.

제 큰딸은 손을 펴고 귀를 만지면서 **먹다**를 표현했어요. 언젠가 뭘 먹고 싶은지 물어봤을 때 바로 귀를 만져서 그제야 베이비 사인을 하고 있었다는 걸 알게 됐어요. 초기에는 아기가 보여주는 베이비 사인이 엉성할 수밖에 없다는 걸 꼭 기억해주세요!

더

양손의 손끝을 모은 다음 몸 앞에 가져와 손끝끼리 톡톡 쳐줍니다.

쉽게 기억하는 팁
손끝을 부딪히는 모양이 새들의 부리가 맞닿는 것처럼 보입니다.

베이비 사인하는 상황
더는 보통 아기가 먹고 있을 때 "더 먹고 싶어?"라고 물어보면서 베이비 사인을 합니다. 그렇게 하면 아기가 **더=음식**이라고 생각해서 배가 고플 때만 베이비 사인을 하기 시작하는데요. 이렇게 헷갈리지 않으려면 노래하기, 공놀이하기, 배에 뽀뽀하기처럼 아기가 좋아하는 활동을 할 때도 더라고 베이비 사인을 하면 됩니다! 그러면 아기는 먹을 때뿐만 아니라 더 필요한 게 있을 때도 여러분에게 알려 주기 시작할 거예요.

살펴보기
아기는 손뼉을 치거나 주먹끼리 쿵쿵 치면서 더라고 베이비 사인을 할 수 있습니다. 검지를 반대쪽 손바닥에 댈 수도 있고요.

부모님들은 아기가 말을 하기 시작한 다음에도 정말 바라는 게 있을 때는 **더**라고 베이비 사인을 한다고 말하곤 하는데요. 제 딸도 걸음마를 하던 시절에 간절히 원한다는 걸 강조하려고 **더**라고 말하면서 베이비 사인을 하고는 했답니다.

다 했다

양손을 펴고 손바닥을 얼굴에 향했다가 손목을 돌리면서 앞을 보게 합니다. 이 동작을 몇 번 반복합니다.

쉽게 기억하는 팁
반짝반짝 빛나는 별처럼 손목을 여러 번 돌려주세요.

베이비 사인하는 상황
아기와 같이했던 활동을 마무리할 때마다 이 베이비 사인을 하세요. 아기가 다 먹은 것 같을 때 "**다 했니?**"라고 물어보면 되겠죠. 아기를 유아용 식탁의자, 카시트, 욕조에서 내려 주려고 할 때 베이비 사인을 하면서 **다 했다**고 말해 주세요. 아기는 소란을 피우는 대신 **다 했다**고 알려 줄거예요. "**끝났다**"나 "**끝**"이라는 말을 할 때도 이렇게 베이비 사인을 하면 됩니다.

살펴보기
아기는 손을 흔들거나 한 손 또는 양손을 퍼덕이며 표현할 수 있습니다. 좌우로 손을 털기도 합니다.

자다

머리를 옆으로 기울인 다음, 손바닥에 뺨을 기댑니다.

쉽게 기억하는 팁

베개를 베고 있는 모습 같습니다.

베이비 사인하는 상황

아기가 졸려 보일 때나 낮이나 밤에 재우려고 눕힐 때마다 **자다**라고 말하면서 베이비 사인을 하세요. 연관성을 파악하고 나면 피곤할 때마다 표현하기 시작할 거예요. **졸리다**나 **침대**를 표현할 때도 이렇게 베이비 사인을 하면 됩니다.

비슷한 베이비 사인

(손바닥끼리 마주보게) 양손을 모은 다음에 머리를 기대기도 하는데요. 마찬가지로 **자다**를 나타낸다고 볼 수 있는 표현입니다.

가장 재미있는 TOP 5 베이비 사인

강아지

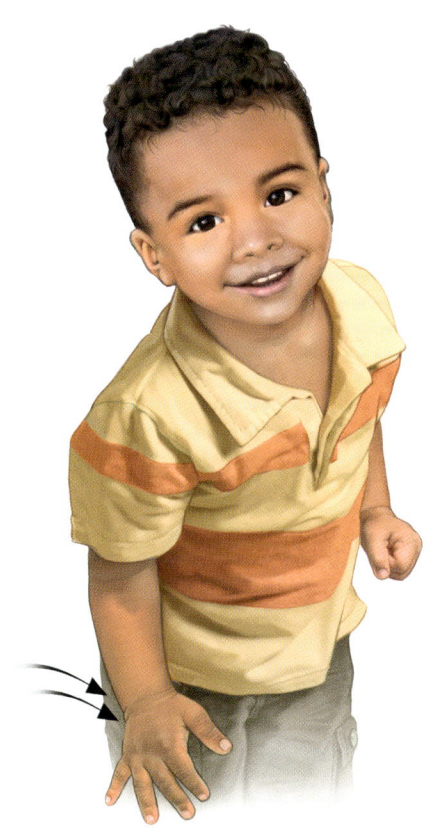

허벅지를 몇 번 가볍게 쳐 줍니다.

쉽게 기억하는 팁

강아지에게 가까이 오라고 부르는 모습 같습니다.

베이비 사인하는 상황

반려견이 눈앞에 있을 때 **강아지**라고 베이비 사인을 하세요. **강아지**를 기르고 있지 않다면 이웃집이나 반려견을 키우는 집에 놀러 갔을 때도 베이비 사인하면 됩니다. 동화책에도 **강아지**가 많이 나오죠!

강아지는 아기의 몸을 만지며 베이비 사인을 표현하면 좋습니다. 아이가 이해할 수 있도록 손을 잡고 허벅지를 부드럽게 토닥이며 "**강아지**"라고 말하세요.

비슷한 베이비 사인

강아지는 (가까이 오라고 부르듯이) 손가락을 안쪽으로 튕겨서 표현할 수 있습니다. 두 가지 베이비 사인을 합쳐도 되지만, 허벅지를 치는 베이비 사인을 더 추천합니다. 아기가 제일 쉽게 할 수 있는 동작이거든요.

전등

한 손의 손끝을 모은 다음 손등을 머리 위로 올립니다. 손가락을 여러 번 폈다 접었다 합니다.

쉽게 기억하는 팁
손가락을 펴면 마치 빛줄기가 여러분을 비춰 주는 것처럼 보입니다.

베이비 사인하는 상황
조명을 껐다 켰다 하면서 베이비 사인을 알려 주세요. 불을 켠 다음 **전등**이라고 말하면서 손짓을 하고요. 아기가 **전등**을 베이비 사인을 하기 시작하면 모든 것에 빛이 있다는 걸 오히려 여러분이 깨닫게 될 거예요.

살펴보기
아기가 **전등**을 베이비 사인을 할 때는 **우유**(41쪽)를 표현할 때와 아주 비슷해 보이는데요. 아기가 **전등**을 베이비 사인을 할 때는 대부분 팔을 들어 올립니다. 아기가 여러분을 보며 음식을 먹여 주길 기다리고 있나요? 아니면 불이 켜진 곳을 보고 있나요? 어떤 베이비 사인을 하는 건지 헷갈릴 때는 아기의 시선과 행동을 관찰하세요.

비슷한 베이비 사인
책의 후반부에 나오는 **해**(107쪽)를 나타내는 베이비 사인과 똑같습니다.

전등이 처음 베이비 사인을 하기에는 적절하지 않을 것 같지만, 저는 추천하고는 합니다. 제 아이 모두 초기에 이 베이비 사인을 했고 제일 좋아했던 경험이 있거든요. 이 부분은 아기의 관심사를 활용하는 방법과 연결되는데요. 아기가 베이비 사인을 이해하고 나면 더 많은 실용적인 손짓을 가르칠 수 있습니다.

공

양손의 손가락을 구부린 상태에서 팔목을 돌려줍니다.

쉽게 기억하는 팁
동그란 **공**을 손바닥 안에서 굴리는 것처럼 보입니다.

베이비 사인하는 상황
공은 아기가 재미있고 쉽게 놀 수 있게 해 줍니다. 아기가 어리면 플러시(벨벳과 비슷한 보드라운 보풀이 있는 옷감)로 만든 **공**을 구하고, 좀 더 크면 탱탱한 **공**을 준비하세요. 아기가 **공**을 들고 있을 때 베이비 사인을 하고요. 한 손에 **공**을 들고 베이비 사인을 하는 방법으로 바꿔서 표현할 수도 있습니다.

살펴보기
아기는 양손 주먹끼리 치거나 손뼉을 치면서 **공**을 표현할 수 있습니다.

제 둘째 딸은 주먹 쥔 손을 반대쪽 손바닥에 마주 대며 **공**을 표현했어요. 이렇듯 아기가 여러 가지 방법으로 베이비 사인을 하는 모습을 보면 깜짝 놀랄 거예요. 아기들은 온갖 둥근 것을 설명할 때도 **공**이라는 베이비 사인을 하기도 한답니다!

책

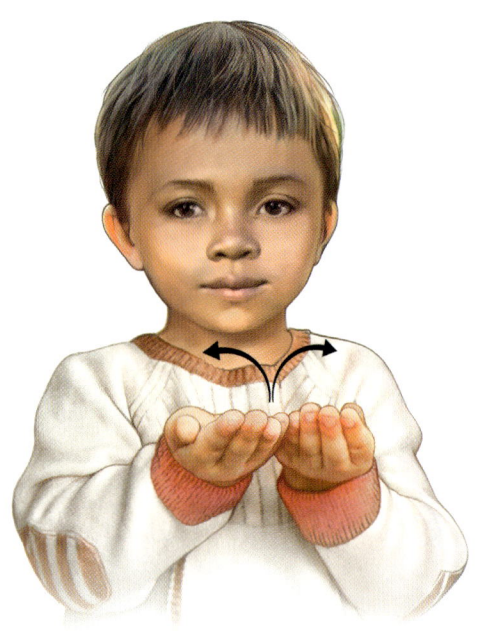

양손을 펴서 손바닥끼리 마주 보게 붙였다가 다시 바깥으로 펼쳐 줍니다.

쉽게 기억하는 팁
책을 활짝 펼치는 모습처럼 보입니다.

베이비 사인하는 상황
여러분이 **책** 이야기를 하는 동안 아기가 보드 북(아기가 종이에 다치거나 찢는 것을 방지하기 위해 두껍고 빳빳한 종이로 만든 책)을 들고 있게 해 주세요. 그리고 "**책** 읽고 있어?" 또는 "**책** 읽어 줄까?"라고 물어봐 주세요. 아기와 **책**을 읽을 때마다 베이비 베이비 사인을 합니다. **책**은 새로운 단어와 베이비 사인을 가르칠 때 좋은 자료가 됩니다.

살펴보기
아기는 손뼉을 크게 한 번 치거나 양손을 같이 움켜쥐며 책을 베이비 사인을 할 수 있습니다. **더**(43쪽), **공**(49쪽), **신발**(81쪽)처럼 손을 모으는 동작이 들어가는 여러 가지 베이비 사인을 하고 있다면 무엇을 의미하는 건지 상황에 따라 판단해야 합니다. 아기의 시선을 따라가서 무엇을 보고 있는지 확인하는 것부터 시작해 보세요.

자동차

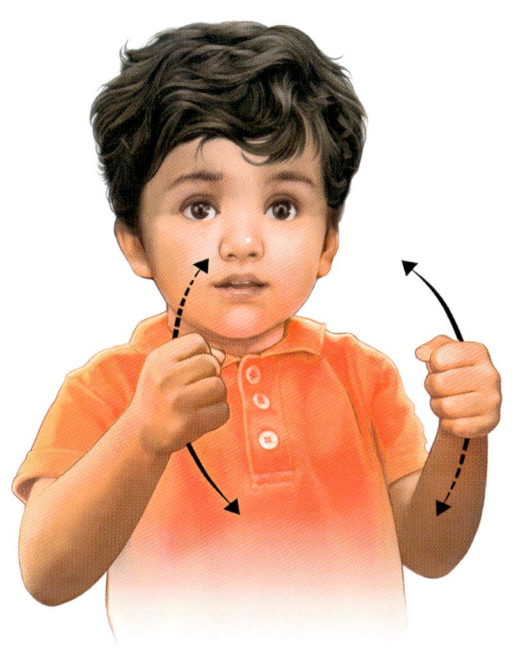

양손을 주먹 쥔 다음 몸 앞에서 번갈아가며 위아래로 원 모양으로 움직입니다.

쉽게 기억하는 팁

자동차 핸들을 이리저리 돌리는 모습 같습니다.

베이비 사인하는 상황

차에 타거나, 책에 차가 나올 때 **자동차**라고 베이비 사인하세요. **자동차**를 베이비 사인을 할 때는 "빵빵"이나 "부릉부릉" 같이 재미있는 소리를 내면서 아기의 관심을 끄세요.

살펴보기

아기는 손을 번갈아가며 움직이는 대신 (손을 펴거나 주먹을 쥔 채로) 양손을 위아래로 같이 흔들면서 표현할 수 있습니다.

비슷한 베이비 사인

트럭을 나타내는 베이비 사인은 **자동차**와 아주 비슷합니다. 손을 약간 아래에 두고 멀리 떨어뜨려서 **트럭** 핸들이 더 크다는 걸 느끼게 해 주세요.

재미있게 베이비 사인하기

첫 베이비 사인을 재미있게 연습하는 방법을 소개합니다. 노래, 책, 놀이를 활용해 아기와 함께 베이비 사인을 하면서 더 즐겁게 배우세요.

노래하기

⟨우리 더 함께 모이면⟩

아기와 베이비 사인을 하면서 노래를 부르면 음악과 언어에도 노출되어서 유익합니다. 아기들은 음악을 아주 좋아하거든요. 익숙한 노래의 리듬과 멜로디가 반복되면 자연스럽게 베이비 사인도 익히게 되고요. 아기는 여러분의 목소리를 제일 좋아하니까 수줍음은 잠시 내려놓고 정성스럽게 노래하세요!

저는 이 가사를 읽을 때 세 가지 베이비 사인만 했어요. 바로 **더**(43쪽), **행복해요**(150쪽), **친구**(147쪽)죠. 막 시작했을 때는 **더**만 했다가 나중에 다른 베이비 사인을 추가해도 됩니다.

> ⟨우리 더 함께 모이면⟩은 유명한 동요이지만 노래를 모르더라도 괜찮아요! 노랫말을 이야기처럼 읽어줘도 괜찮답니다.

우리 **더** 함께 모이면, 모이면, 모이면

우리 **더** 함께 모이면

행복할 거야.

내 **친구**가 너의 **친구**

네 **친구**도 나의 **친구**

우리 **더** 함께 모이면

행복할 거야.

우리 **더** 함께 모이면, 모이면, 모이면

우리 **더** 함께 모이면

행복할 거야.

내 **친구**가 너의 **친구**

네 **친구**도 나의 **친구**

우리 **더** 함께 모이면

행복할 거야.

핵심 단어

더 43쪽   행복해요 150쪽   친구 147쪽

책 읽기
권정생, 《강아지똥》

저는 책을 읽어줄 때 베이비 사인을 하는 걸 좋아합니다. 서로 더 많이 소통하면서 책을 읽을 수 있고, 아기에게 참여할 기회도 줄 수 있으니까요. 처음에 책을 읽으면서 베이비 사인도 하려면 연습이 필요할 수 있습니다. 이후에는 아기에게 새로운 단어와 베이비 사인을 가르쳐서 어휘력을 쌓아 줄 좋은 기회가 될 거예요.

권정생이 쓴 《강아지 똥》에는 강아지가 누었던 똥이 민들레 꽃을 만나 거름이 되면서 꽃을 피우는 아름다운 이야기입니다. 아기에게 유용한 베이비 사인인 **강아지**(47쪽)과 **똥을 싸다**(75쪽)를 반복적으로 연습할 수 있답니다. 이외에도 **더럽다**(76쪽)와 **꽃**(108쪽) 그리고 **새**(124쪽) 등 다양한 베이비 사인을 연습할 기회도 있고요. 마지막 페이지를 다 읽은 다음에는 잊지 말고 **다 했다**(44쪽)고 베이비 사인하세요!

핵심 단어

강아지 47쪽   **책** 50쪽   **다 했다** 44쪽

놀기
〈자동차 타기〉

차를 타러 나갈 때가 되면 아기에게 **자동차**(51쪽)을 탈 거라고 말해 주세요. 아기를 카시트에 앉힐 때 다시 베이비 사인을 하세요. 목적지에 도착해서 아기를 차에서 내려 줄 때 **다 했다**(44쪽)고 말하면서 베이비 사인을 해 주고요. 간단하지만 효과는 좋답니다!

핵심 단어

자동차 51쪽   **다 했다** 44쪽

아기와 책 읽는 팁

보드 북을 든 채로 몸부림치는 아기를 안고 있는 것만으로도 신경 쓸 게 많은데, 베이비 사인까지 할 수 있을까요? 걱정하지 마세요. 생각보다 쉬우니까요! 아래에 있는 팁을 보면 시작할 때 도움이 될 거예요.

- 명확한 사진과 반복적인 내용이 실려 있는 튼튼한 책을 고르세요. 각 장에 있는 '재미있게 베이비 사인하기'에서 추천하는 책을 볼 수 있습니다. '참고 자료'(162쪽)로 넘어가서 책의 전체 목록을 볼 수도 있고요.
- 아기를 무릎에 앉힌 다음 한 손으로 책을 들어 주세요. 책을 여러분 앞에 세워 두어도 좋습니다.
- 책과 아기 사이에서 핵심 단어를 베이비 사인을 하면서 책을 읽어 주세요.
- 책에다 직접 베이비 사인을 해도 됩니다. 아기가 보고 있는 페이지에 베이비 사인을 하는 거죠. 예를 들면 **자전거**(112쪽)를 가리키며 베이비 사인을 해서 아기가 연결 고리를 찾게 해 주는 거예요.
- 아기의 몸에 베이비 사인을 해도 됩니다. 그림에 **모자**(79쪽) 쓴 사람이 나오면 머리를 토닥이거나, **목욕**(89쪽)하는 이야기를 읽을 때 가슴을 부드럽게 문질러 주세요.
- 아기가 몸부림을 많이 쳐서 위에 나온 내용을 따르기가 어렵다면 유아용 식탁 의자에 앉혀 보세요. 트레이 위에 책을 놓은 다음 아기와 얼굴을 마주 보고 앉습니다. 아기와 시선을 효과적으로 맞추는 동시에 베이비 사인과 이야기, 그리고 표정까지 보여 줄 수 있어서 특히 도움이 된답니다.

55

3장
식사 시간

식사 시간은 베이비 사인을 연습하기에 안성맞춤입니다. 아기가 딱딱한 음식을 먹기 시작한 데다가 새로운 음식도 시도해 보고 있다면, 어떤 음식을 좋아하고 싫어하는지 알아가는 과정도 시작됩니다. 식사 시간에 아기는 아기용 의자에 앉아 방청객이 되고는 합니다. 여러분은 두 손을 써서 자유롭게 베이비 사인을 하며 아기와 안정적으로 눈을 마주칠 수 있습니다. 베이비 사인을 하면 아기가 좋아하는 음식을 달라고 할 수도 있고, 다 먹었다고 알려 줄 수도 있습니다. 유아기에 흔히 부리는 짜증도, 음식을 바닥에 버리게 되는 일도 훨씬 줄어들 거예요. 정말 잘됐죠!

2장에서는 **먹다**(42쪽), **더**(43쪽), **우유**(41쪽), **다 했다**(44쪽)처럼 베이비 사인을 시작할 때 식사 시간에 활용할 만한 손짓을 알려 드렸는데요. 이 장에서는 식사 시간에 할 수 있는 베이비 사인을 더 많이 가르쳐 드릴게요. **계란**(62쪽), **치즈**(64쪽), **과자**(64쪽)처럼 영유아가 자주 먹는 음식과 관련된 것들이랍니다. 아기에게 음식이 너무 뜨거워서 못 먹는다는 걸 알려 줄 때는 **뜨겁다**(91쪽)을 나타내는 베이비 사인을 하면 도움이 될 거예요.

이 장에서는 **주세요**(52쪽)와 **고맙습니다**(67쪽)를 표현하는 방법도 알려 드릴 텐데요. 아기가 예절을 완전히 이해할 수는 없겠지만, 사회성을 기르는 연습을 하기에는 절대 이르지 않답니다.

바나나

한 손의 검지를 세웁니다. 다른 손의 손끝을 오므리고 다음 반대쪽 검지의 맨 위에서부터 아래로 움직여 줍니다.

쉽게 기억하는 팁
바나나 껍질을 벗기는 모습 같습니다.

베이비 사인하는 상황
여러분이 **바나나**를 썰거나 으깨는 모습을 우리 장난꾸러기가 보고 있을 때 베이비 사인을 하세요. 아기가 **바나나**를 맛있게 먹고 있을 때도 다시 한번 베이비 사인을 하고요.

살펴보기
아기는 검지나 손 전체를 서로 스치게 하면서 **바나나**를 표현할 수 있습니다.

사과

한 손의 주먹을 쥔 상태에서 검지를 구부린 채로 들어 올립니다. 검지의 마디 부분을 뺨에 대고 몇 번 돌립니다.

쉽게 기억하는 팁
검지 마디 부분이 **사과**처럼 튀어나온 광대뼈에 닿습니다.

베이비 사인하는 상황
아기가 **사과**나 **사과** 잼을 먹을 때 베이비 사인을 하세요. 마트에서 **사과**를 봤을 때 해도 됩니다.

살펴보기
아기는 손가락으로 얼굴을 두드리거나 검지를 뺨에 대고 돌릴 수 있습니다.

배

한 손의 손끝을 오므려 줍니다. 반대편 손으로 오므린 손끝을 다 덮었다가 뽑아내듯이 빼냅니다.

쉽게 기억하는 팁
배를 안 보이게 감췄다가 다시 보여 주는 것 같습니다.

베이비 사인하는 상황
아기가 달고 과즙이 풍부한 **배**를 맛있게 먹을 때 베이비 사인을 하세요. 과일퓨레(과일을 갈아서 걸쭉하게 만든 음식)도 좋고 썰어 둔 것도 괜찮습니다. 주변에 **배**가 있다면 그 옆에서 베이비 사인을 해서 손동작이 실제 과일과 얼마나 비슷한지 느끼게 해 주세요.

살펴보기
아기가 한 손으로 반대쪽 손을 움켜쥐고 있는 것처럼 보일 수 있습니다.

복숭아

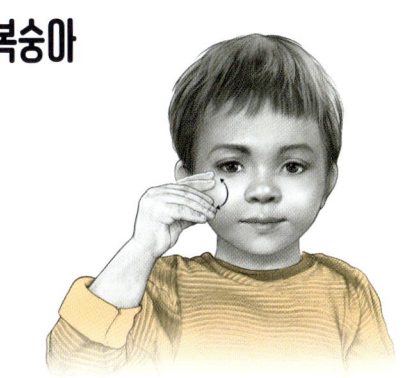

한 손의 손끝을 오므린 다음 손끝을 뺨에 대고 부드럽게 쓰다듬었다가 다시 손을 떼어 줍니다.

쉽게 기억하는 팁
복숭아 껍질의 털처럼 얼굴에 있는 솜털을 만져 보는 것 같습니다.

베이비 사인하는 상황
아기가 알러지가 없다면 솜털이 복슬복슬한 **복숭아** 표면을 만지게 해 주세요. 여러분도 **복숭아**를 만진 다음 아기에게 어떻게 표현하는지 베이비 사인을 보여주세요.

살펴보기
아기가 얼굴을 잡고 있거나 얼굴에 손을 스치는 것처럼 보일 수 있습니다.

시리얼

검지를 위아래로 접었다 폈다 하면서 턱 앞을 지나갑니다.

쉽게 기억하는 팁

시리얼을 먹는 동안 턱에 흘러내린 **우유**(41쪽)를 닦아 내는 모습 같습니다.

베이비 사인하는 상황

아기용 **시리얼**이나 오트밀을 먹을 때 또는 마른 **시리얼**을 손으로 집어 먹을 때 베이비 사인을 하면 됩니다.

빵

양손을 몸 앞에 둔 후 손등을 위에서 아래로 번갈아 움직이면서 지나갑니다.

쉽게 기억하는 팁

빵 덩어리를 자르는 모습 같습니다.

베이비 사인하는 상황

토스트나 샌드위치 같은 **빵**을 먹을 때 베이비 사인을 하세요.

살펴보기

아기는 두 손이 서로 스치게 하거나 검지를 반대쪽 손의 앞면이나 뒷면에 대고 끌고 가듯이 움직일 수 있습니다.

면

양손 새끼끼리 닿게 한 다음 소용돌이 모양으로 움직여 주면서 서로 떨어뜨립니다.

쉽게 기억하는 팁

여러 가닥의 **면**이 얽혀 있는 모습을 나타내는 것 같습니다.

베이비 사인하는 상황

국수나 파스타, 라면 등 모든 형태의 **면**에 베이비 사인을 해도 됩니다.

살펴보기

아기가 너무 어리면 새끼보다는 검지끼리 닿게 하면서 베이비 사인을 할 거예요.

고기

한 손으로 반대쪽 손의 엄지와 검지 사이에 있는 살을 꼬집어 줍니다.

쉽게 기억하는 팁

손에서 "살이 많은" 부분을 꼬집는 것 같습니다.

베이비 사인하는 상황

아기가 닭고기, 돼지고기, 소고기 등 모든 종류의 육류를 먹을 때 **고기**라고 베이비 사인을 하면 됩니다.

살펴보기

아기가 자기 손이나 팔을 움켜잡고 있는 것처럼 보일 수 있습니다.

계란

양손의 검지와 중지를 폅니다. 한 손으로 반대편 손가락을 두드립니다. 두 손 모두 아래로 내리면서 서로 떨어지게 합니다.

쉽게 기억하는 팁
한 손은 **계란**을 잡고 반대쪽 손은 **계란**을 깨트리는 모양과 같습니다.

베이비 사인하는 상황
아기가 **계란** 요리를 먹고 있을 때 베이비 사인을 하세요. 삶은 **계란**도 좋고 스크램블 에그도 좋습니다. 어떤 형태든 상관없어요!

살펴보기
아기는 두 검지나 두 손을 두드리면서 표현할 수 있습니다.

감자

한 손의 알파벳 "V" 모양처럼 검지와 중지를 펼쳐 살짝 구부린 다음, 반대편 손은 주먹을 쥡니다. 검지와 중지의 손끝으로 반대편 손등을 두드립니다.

쉽게 기억하는 팁
감자가 다 익었는지 확인하려고 포크로 찔러 보는 것 같습니다.

베이비 사인하는 상황
아기가 모든 **감자** 요리를 먹을 때 베이비 사인을 하면 됩니다. 으깼든, 구웠든, 튀겼든 다 된 답니다!

살펴보기
아기는 손을 펴거나, 주먹 쥔 반대쪽 손을 손끝으로 두드릴 수 있습니다.

당근

한 손의 주먹을 쥔 다음 입 옆에 가져갔다가 아래쪽으로 내려 줍니다.

쉽게 기억하는 팁
당근을 한 입 베어 물고 남은 부분을 계속 들고 있는 것 같습니다.

베이비 사인하는 상황
당근을 크게 한 입 베어 무는 동작과 아삭아삭 씹는 소리를 과장되게 표현할 수 있는 재미있는 베이비 사인입니다. 아기는 여러분이 우스꽝스럽게 베이비 사인을 하는 모습을 흉내 내면서 재미있어 할 거예요.

살펴보기
여러분이 아작아작 소리를 과장되게 내면서 베이비 사인을 하고 나면 아기가 **당근**을 흉내 내기 시작하는 깜찍한 모습을 흐뭇하게 지켜볼 수 있답니다.

요거트

한 손의 엄지와 새끼를 펴주세요. 반대편 손은 살짝 구부려 줍니다. 펼친 새끼를 구부린 손의 안쪽을 떠냈다가 입에 가져갑니다.

쉽게 기억하는 팁
새끼는 숟가락 같고, 반대쪽 손은 **요거트**가 든 통 같습니다. **요거트**를 떠서 입 안에 넣는 거죠.

베이비 사인하는 상황
아기가 떠먹는 **요거트**나 짜 먹는 **요거트**를 먹고 있을 때 베이비 사인하세요.

살펴보기
아기는 검지를 입에 가져가면서 **요거트**를 표현할 수 있습니다.

치즈

손바닥끼리 맞닿게 한 다음 서로 반대 방향으로 엇갈리도록 여러 번 왔다 갔다 하면서 손을 돌립니다.

쉽게 기억하는 팁
얇은 **치즈** 한 장을 손으로 으깨는 모습 같습니다.

베이비 사인하는 상황
아기가 **치즈**를 좋아하면 제일 좋아하는 베이비 사인이 될 거예요! 아기가 **치즈**를 맛있게 먹을 때마다 베이비 사인을 하세요.

살펴보기
아기가 손뼉을 치거나 손을 씻는 시늉을 하는 것처럼 보일 수 있습니다.

과자

양손 모두 주먹을 쥡니다. 한 손으로 반대편 쪽 손의 팔꿈치를 두 번 쳐 줍니다.

쉽게 기억하는 팁
과자를 부수는 모양과 비슷합니다.

베이비 사인하는 상황
이 베이비 사인은 걱정될 수도 있는데요. 그러지 않아도 됩니다! 아기가 빠른 속도로 베이비 사인을 배우고 표현하는 것은 반가운 일이거든요. **과자**를 달라고 하는 건 배가 고프다는 뜻이니까 다른 음식을 주면 돼요. "점심 먼저 **먹고**(42쪽) **과자**는 나중에 먹자."라고 말해 주세요. 아기가 원하는 게 있을 때 말썽 피우거나 울지 않고 알려 줄 수단이 될 수 있어 좋답니다.

살펴보기
많은 아기가 반대쪽 손이나 손목에 주먹을 치면서 **과자**를 표현합니다.

물

한 손의 검지, 중지, 약지를 펼친 다음 턱을 몇 번 두드립니다.

쉽게 기억하는 팁

물^{water}을 의미하는 영어의 알파벳 "W"와 닮았습니다.

베이비 사인하는 상황

아기가 빨대 컵으로 **물**을 마시기 시작할 때 베이비 사인을 하세요. 아기를 목욕시킬 때나 작은 물 웅덩이부터 커다란 호수 등 모든 형태의 **물**을 볼 때도 베이비 사인을 하면 됩니다. **물**은 **마시다**(65쪽)와 함께 해도 좋아요.

살펴보기

대부분의 영유아는 소근육 운동 제어가 되지 않아서 다섯 손가락을 다 쓰거나 검지만 가지고 베이비 사인할 수 있습니다.

마시다

한 손을 살짝 구부린 다음 입 쪽에 기울여 줍니다.

쉽게 기억하는 팁

투명한 컵을 쥐고 음료 한 모금 마시는 모습 같습니다.

베이비 사인하는 상황

마시다는 아기가 빨대 컵으로 마시기 시작했을 때 가르치면 좋은 베이비 사인입니다. 아기가 **마시다**를 베이비 사인을 하면 목이 마르다는 걸 알 수 있으니까요.

살펴보기

아기는 입을 만지거나 입에서 손을 멀리 뗀 상태에서 흔들 수 있습니다.

주세요

한 손을 편 상태에서 가슴에 원을 그리면서 문지릅니다.

쉽게 기억하는 팁
간절히 바라는 마음으로 가슴을 문지르는 것 같습니다.

베이비 사인하는 상황
아기가 여러분에게 물건을 주기를 바란다면 **주세요**라고 베이비 사인을 하는 모습을 보여 주면서 알려 주세요. 아기가 원하는 것을 주기 전에 "주세요라고 해야지"라고 말해도 됩니다. 단 너무 오래 뜸 들이지는 마세요. 아기를 짜증나게 해서 좋을 건 없으니까요.

살펴보기
아기가 **주세요**라고 베이비 사인을 할 때는 가슴을 닦아 내거나 문지르는 것처럼 보일 수 있습니다.

비슷한 베이비 사인
미안해요(153쪽)는 **주세요**와 매우 비슷합니다. 단 **미안해요**를 베이비 사인할 때는 주먹을 쥐고 미안한 표정을 지어 주세요.

고맙습니다

한 손을 편 상태에서 손가락을 턱에 댔다가 다시 떼어 줍니다.

쉽게 기억하는 팁
다른 사람에게 손 뽀뽀를 보내는 모습 같습니다.

베이비 사인하는 상황
아기가 물건을 가져다주거나 여러분이 시킨 일('자리에 앉아')을 하면 **고맙다**고 베이비 사인을 하세요. 머지않아 손짓을 이해하고 뭔가를 받았을 때 **고맙다**고 베이비 사인을 할 거예요!

살펴보기
아기는 **먹다**(42쪽)를 베이비 사인을 할 때처럼 입을 만지거나 두드릴 수 있습니다.

비슷한 베이비 사인
좋다를 나타내는 베이비 사인은 **고맙습니다**와 비슷합니다. 단 **좋다**를 베이비 사인을 할 때는 한 손을 턱에서 댔다가 뗀 다음에 반대쪽 손바닥에 댄답니다!

> 큰딸과 장을 보러 갔을 때 쇼핑 카트에 얌전히 앉아 있게 하려고 **과자**(64쪽)를 주었어요. 아기는 고맙다고 베이비 사인을 했죠. 지나가던 사람들은 아이가 손 뽀뽀를 했다고 생각해서 손을 흔들어 주었답니다.

재미있게 베이비 사인하기

노래하기

〈사과랑 바나나〉

식사 시간과 관련된 베이비 사인을 배웠으니 이제 〈사과랑 바나나〉를 반복해서 부르면서 연습해보세요. 여러분은 음식과 관련된 베이비 사인을 넣어 불러도 돼요. 아기가 좋아하는 음식 이름을 넣어서 재미있게 불러 보세요.

> 〈사과랑 바나나〉는 유명한 동요이지만 노래를 모르더라도 괜찮아요! 노랫말을 이야기처럼 읽어줘도 괜찮답니다.

사과랑 바나나 먹자, 먹자, 먹자.

(두 번 반복)

치즈랑 과자 먹자, 먹자, 먹자.

(두 번 반복)

시리얼, 요거트 먹자, 먹자, 먹자.

(두 번 반복)

사과랑 바나나 먹자, 먹자, 먹자.

(두 번 반복)

치즈랑 과자 먹자, 먹자, 먹자.

(두 번 반복)

시리얼, 요거트 먹자, 먹자, 먹자.

(두 번 반복)

핵심 단어

먹다 42쪽

사과 58쪽

바나나 58쪽

치즈 64쪽

과자 64쪽

시리얼 60쪽

요거트 63쪽

책 읽기
에릭 칼, 《배고픈 애벌레》

이 유명한 그림책은 **먹다**(42쪽)를 나타내는 베이비 사인을 연습하기에 제격입니다. 무척 배가 고픈 작은 애벌레("애벌레" 베이비 사인 시, 109쪽)가 모든 걸 다 먹어 치우거든요! **먹다**를 나타내는 베이비 사인만 해도 되지만, **사과**(58쪽), **배**(59쪽), **치즈**(64쪽)를 연습해도 됩니다. 아기가 아는 표현이 많아지면 **계란**(62쪽), **달**(94쪽), **해**(107쪽), **벌레**(109쪽), **나비**(110쪽)를 베이비 사인을 해도 좋습니다. **먹다**와 음식을 나타내는 베이비 사인은 같으니 똑같이 해도 된다는 걸 잊지 마세요.

핵심 단어

먹다 42쪽 　　사과 58쪽 　　배 59쪽

치즈 64쪽 　　계란 62쪽 　　달 94쪽

해 107쪽 　　벌레 109쪽 　　나비 110쪽

놀기
〈이거? 저거?〉

아기에게 음식과 관련된 베이비 사인을 가르치면 아기가 콕 집어서 어떤 음식을 달라고 할 수 있어서 정말 좋답니다.

아기에게 음식과 관련된 표현을 알려 주고 싶을 때는 〈이거? 저거?〉라는 놀이를 해 보세요. 방법은 간단합니다. 아기가 배웠으면 하는 음식을 나타내는 베이비 사인 두 가지를 보여 준 다음 아기가 고르게 하는 거예요. 아기가 선택한 단어를 여러 번 말하고 베이비 사인을 할 때까지 시간을 주면 됩니다. 예를 들어, 아기에게 "**계란**(62쪽) **먹을래**(42쪽)? **빵**(60쪽) **먹을래**?"라고 물어보는 거죠.

아기가 반응할 시간을 주되 짜증나게 하지는 마세요. 아기가 더 좋아하는 음식을 잡으면 바로 그때 베이비 사인을 가르치세요. "아, **계란**이 정말 먹고 싶었구나! **계란**을 가져갔네! **계란**이 진짜 좋지?"라고 말해 주면서요.

새로운 베이비 사인을 가르칠 때뿐만 아니라 이미 아는 것을 연습할 때도 이 놀이를 꾸준히 해 보세요.

4장
기저귀 갈고 옷 입기

아기와 매일같이 많은 걸 하지만 기저귀를 가는 것이야말로 하고, 또 하게 되는 일인데요. 이 때 베이비 사인을 몇 가지 골라서 활용하면 일상에 자연스럽게 스며들어서 아주 좋답니다. 그런데 기저귀 가는 걸 싫어하는 아기도 있어요. 여러분의 아기가 그렇다면 기저귀와 관련된 베이비 사인을 배우는 것도 안 내켜 할 거예요.

예를 들면 **기저귀**(73쪽)를 가는 테이블 근처에 **할머니**(145쪽)와 **할아버지**(145쪽) 사진을 붙여 뒀다가 기저귀를 가는 동안 **할머니**와 **할아버지**를 나타내는 베이비 사인을 연습하는 거죠. 작은 **공**(49쪽)이나 장난감 **자동차**(51쪽)를 옆에 두고 아기가 들 수 있게 한 다음에 기저귀를 가는 동안 연습해도 되고요. 아기에게 **옷**과 관련된 베이비 사인도 가르치고 싶을 텐데요. 아기는 **모자**(79쪽), **양말**(80쪽), **신발**(81쪽)처럼 자기가 직접 벗을 수 있는 것에 아주 관심이 많답니다. 여러분에게 도움이 되거나 같이 하면 재미있을 것 같은 베이비 사인을 고르세요.

기저귀를 갈 때 하는 베이비 사인

기저귀

양손을 허리 쪽에 두고 검지와 중지를 붙인 다음 두 손가락을 엄지에 붙였다 뗐다 합니다.

쉽게 기억하는 팁

기저귀를 뗐다 붙였다 하는 모습을 보여주는 것 같습니다.

베이비 사인하는 상황

기저귀를 나타내는 베이비 사인을 가르치고 싶으면 아기에게 **기저귀**를 보여 줘야 합니다. 동물 인형이나 아기 인형한테 **기저귀**를 입힌 다음에 베이비 사인을 하면 되니까요. 얼굴 가까이에서 베이비 사인을 보여줘도 좋습니다.

살펴보기

아기가 두 손을 흔들거나 자신의 배 또는 허리를 토닥이는 것처럼 보일 수 있습니다. **기저귀** 대신 **갈다**(73쪽)를 나타내는 베이비 사인을 해도 좋습니다. 아기의 시야 안에서 손짓하기 더 편하거든요.

갈다

양손의 주먹을 쥔 다음 손가락끼리 맞닿도록 포갭니다. 두 손의 위치를 번걸아 바꿔주세요.

쉽게 기억하는 팁

빨랫감을 쥐고 비비는 것처럼 손을 바꿔 줍니다.

베이비 사인하는 상황

아기의 **기저귀**(73쪽)를 갈아 줄 시기에 베이비 사인을 하면 좋습니다. **기저귀**는 허리에서 베이비 사인을 하니까 아기가 보기 어렵잖아요. **갈다**는 **기저귀**를 갈 준비를 할 때 아기의 시야에서 할 수 있어서 아주 좋답니다.

화장실

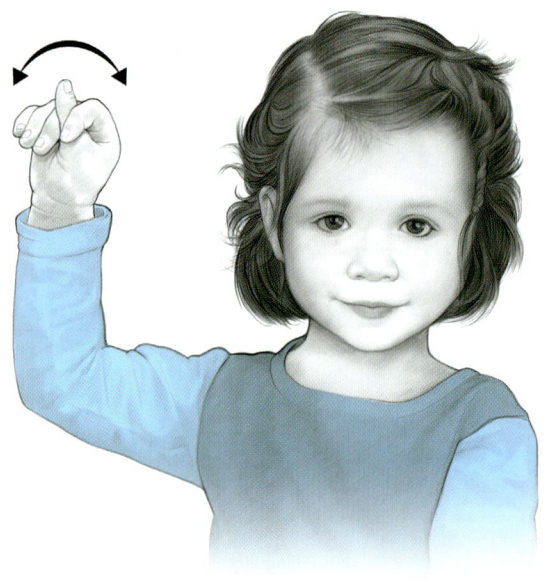

한 손의 엄지를 검지와 중지 사이에 껴준 다음 좌우로 살살 흔들어 줍니다.

쉽게 기억하는 팁

화장실toilet을 의미하는 영어의 알파벳 "T"와 닮았습니다.

베이비 사인하는 상황

화장실을 나타내는 베이비 사인은 아기가 변기 쓰는 법을 배우기 시작할 때 알려 주면 좋습니다. 배변 소통을 연습할 때도 효과적입니다. 배변 소통이란 아기를 돌보는 사람이 아기가 주는 힌트를 알아보고 적절히 대처해서 대소변을 보게 하는 것을 의미합니다. 영유아에게는 **변기**로 베이비 사인을 사용해도 좋습니다. 어떤 단어를 함께 말할 지는 여러분이 선택하면 된답니다.

살펴보기

주먹을 조금씩 흔드는 것처럼 보일 수 있습니다.

> 제 아이들은 이제 학교에 다니는 나이인데도 학생들이 학교에서 **화장실**에 가도 되는지 살짝 물어보고 싶을 때는 이 베이비 사인을 한다고 합니다. **화장실**에 가고 싶다는 이야기를 사적으로 하고 싶거나, 놀이터 같이 시끄러운 곳에서 서로 멀리 떨어져 있을 때 모든 나이대의 아이들이 활용해도 될 만큼 유용한 베이비 사인이라는 거죠.

똥을 싸다

한 손의 엄지를 들어올린 다음 반대쪽 손으로 주먹을 쥐면서 엄지를 감싸 줍니다. 그다음 주먹 안에서 엄지손가락을 당기면서 빼줍니다.

쉽게 기억하는 팁
이건 정말 설명이 필요 없죠.

베이비 사인하는 상황
아기가 변을 볼 것 같을 때 **똥을 싸다**를 베이비 사인을 하면 됩니다. 아기가 **변기**를 사용하기 시작할 때 해도 됩니다.

살펴보기
양손을 움켜잡았다가 서로 갈라놓는 것처럼 보일 수 있습니다.

깨끗하다

한 손의 손바닥을 위로 향하게 하여 몸 앞에 둡니다. 반대편 손으로 위에 놓인 손의 손목부터 손끝까지 스쳐 줍니다.

쉽게 기억하는 팁
손에 묻은 먼지를 털어내는 행동과 비슷합니다

베이비 사인하는 상황
아기가 깨끗하고 보송보송한 상태일 때 **깨끗하다**라고 베이비 사인을 하세요.

살펴보기
아기는 양손을 과장되게 비빌 수 있습니다.

비슷한 베이비 사인
깨끗하다를 나타내는 베이비 사인은 **멋지다**를 나타내는 베이비 사인과 같으므로 두 단어를 말할 때 똑같이 하면 됩니다.

더럽다

한 손의 손등을 턱 아래에 댄 다음 다섯 손가락을 꿈틀꿈틀 움직입니다.

쉽게 기억하는 팁
더러운 것이 떨어지는 모습 같습니다.

베이비 사인하는 상황
기저귀(73쪽)를 갈거나 아기의 몸이 **더러울** 때 베이비 사인을 하세요. 아기의 옷이 젖었거나 **더러워졌을** 때도 됩니다.

살펴보기
아기가 얼굴을 붙잡거나 살살 긁는 것처럼 보일 수 있습니다.

비슷한 베이비 사인
돼지(131쪽)를 나타내는 베이비 사인과 비슷합니다. 단 **돼지**는 손 전체를 구부려서 다섯 손가락이 아래를 향한답니다.

손을 씻다

양손을 문질러 줍니다.

쉽게 기억하는 팁
흐르는 물에 손을 씻는 모습 같습니다.

베이비 사인하는 상황
아기의 손을 씻기거나 물수건으로 닦아 줄 때 베이비 사인을 하면 됩니다. 아기가 여러분이 손을 씻는 모습을 보고 있을 때 해도 되고요.

> 둘째 딸이 18개월쯤 됐을 때 첫째가 쓰던 주방 놀이 장난감을 다락방에서 꺼내 주었는데요. 장난감 쪽으로 아장아장 걸어가더니 작은 싱크대를 가리키면서 **손을 씻다**라고 베이비 사인을 했답니다.

옷 입을 때 하는 베이비 사인

옷

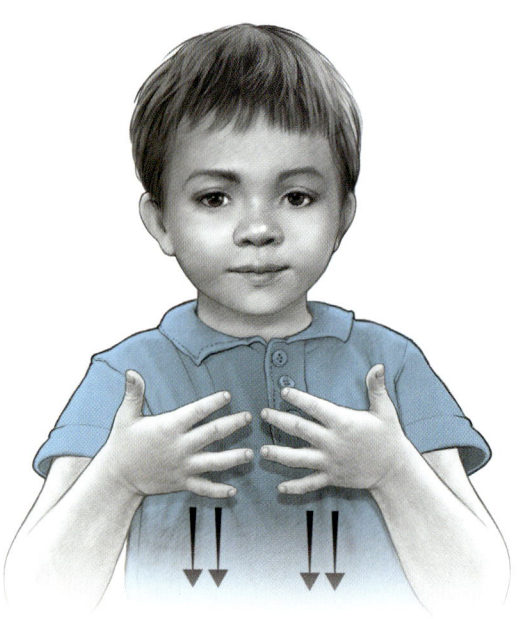

양손을 편 다음 손바닥을 몸을 향하게 합니다. 가슴 위쪽에 대고 아래 쪽으로 쓸어 내립니다.

쉽게 기억하는 팁
옷을 단정히 정리하는 모습 같습니다.

베이비 사인하는 상황
아기에게 옷을 입힐 때 베이비 사인을 하세요. "옷 입을 준비 됐지? 이제 옷 입자."라고 말하면서요.

살펴보기
아기가 몸을 닦거나 문지르는 것처럼 보일 수 있습니다.

비슷한 베이비 사인
옷을 나타내는 베이비 사인은 옷을 입다와 같습니다. 옷 입는 이야기를 하거나 옷을 가리키면서 하면 됩니다.

모자

한 손을 펴고 머리 맨 윗부분을 토닥입니다.

쉽게 기억하는 팁

머리에 베레모(챙이 없고 둥글납작하게 생긴 모자)를 올려둔 모양과 비슷합니다.

베이비 사인하는 상황

아기에게 재미있고 쉽게 가르칠 수 있는 베이비 사인이에요. 일찍부터 가르치길 강력하게 추천합니다. **모자**를 가르키거나 아기 머리에 베이비 사인을 하세요. **모자**를 썼을 때 해도 된답니다.

살펴보기

아기는 보통 이 베이비 사인을 빨리 깨우칩니다. 손짓하는 방법이 아주 쉬워서 처음부터 여러분과 비슷하게 표현할 거예요.

비슷한 베이비 사인

리본이나 후드티에 달린 **모자**나 다른 사람 머리에 흥미로운 게 있을 때마다 **모자**라고 베이비 사인을 해도 좋습니다.

양말

양손의 검지가 바닥을 향합니다. 번걸아 가며 위아래 움직이며 서로 스치게 해 줍니다.

쉽게 기억하는 팁
두 다리가 걷는 모습과 같습니다.

베이비 사인하는 상황
아기에게 **양말**을 신거나 **양말**을 가지고 장난치고 있을 때 베이비 사인을 하세요. 이 장 끝부분에 있는 〈곰돌아, 옷 입자〉(85쪽) 놀이를 하면서 알려 줘도 됩니다.

살펴보기
손가락으로 가리키는 능력은 대부분 돌 즈음에 발달합니다. 그렇다고 해도 한동안은 손가락으로 가리키는 동작을 어려워할 수 있어요. 그래서 이 베이비 사인은 초기에는 손을 편 상태에서 서로 스치는 것처럼 보일 수 있답니다.

> 시간적 여유가 있다면 아기에게 벗겨진 양말을 다시 신기는 순간에 베이비 사인을 하세요. 아기가 정말로 **양말**을 신기 싫을 때는 **다 했다**(44쪽)고 베이비 사인을 할 거예요.

신발

양손의 주먹을 쥐고 아래로 향하게 합니다. 주먹끼리 몇 번 부드럽게 쳐 줍니다.

쉽게 기억하는 팁

흙을 털어 내려고 **신발**끼리 가볍게 털어 주는 모습 같습니다.

베이비 사인하는 상황

아기에게 **신발**을 신기면서 베이비 사인을 하세요. 아기가 **신발** 벗는 걸 좋아하면 "**신발 어디**(104쪽) 있지?"라고 물어봐도 좋습니다.

살펴보기

아기가 **더**(43쪽)를 나타내는 베이비 사인도 익혔다면 **신발**을 표현할 때 더를 표현하는 것처럼 보일 수도 있습니다. 몸 앞에서 손을 모으는 동작 때문인데요. 어떤 베이비 사인인지는 상황에 따라 판단하면 되니까 걱정하지 마세요. 둘 다 재미있고 쓸모 있답니다.

> 제 큰딸은 아장아장 걸어 다니던 시절에 제 신발이나 슬리퍼를 신고 돌아다니면서 **신발**이라고 베이비 사인을 하는 걸 정말 좋아했어요. 얼마나 신났는지 알려 주고 싶었던 거죠!

외투

양손의 주먹을 쥐고 어깨 위로 올렸다가 가슴 쪽으로 미끄러뜨립니다.

쉽게 기억하는 팁

외투를 걸치는 모습 같습니다.

베이비 사인하는 상황

외출하기 전에 아기에게 **외투**를 입히면서 베이비 사인을 하세요. 아기 방한복을 입힐 때도 됩니다.

살펴보기

아기가 **목욕**(89쪽)을 베이비 사인을 하는 것처럼 보일 수 있습니다. 가슴 위쪽에서 주먹을 움직이는 동작이 있기 때문인데요. 상황에 초점을 두면 아기가 어떤 뜻으로 표현했는지 금세 이해할 수 있을 거예요.

상의

입고 있는 상의를 손가락으로 집어줍니다.

쉽게 기억하는 팁
상의를 정확하게 보여주는 것 같습니다.

베이비 사인하는 상황
아기에게 윗옷을 입힐 때 **상의**라고 베이비 사인을 하세요. 윗옷을 입히기 직전과 다 입힌 다음에 해도 됩니다.

살펴보기
아기가 자기 **옷**을 움켜쥐거나 잡아당기는 것처럼 보일 수 있습니다.

하의

양손을 펴고 한쪽 다리 허벅지를 따라 아래로 움직여 줍니다.

쉽게 기억하는 팁
하의를 입은 다리 부분을 보여 주는 것 같습니다.

살펴보기
다리에 손을 스치거나, 다리를 문지르는 것처럼 보일 수 있습니다

비슷한 베이비 사인
하의는 두 손 모두 주먹을 쥔 채 허벅지에 댔다가 허리 쪽으로 끌어올리는 방법으로도 표현할 수 있습니다. 꼭 **하의**를 끌어당겨서 입는 모습 같죠.

재미있게 베이비 사인하기

노래하기

〈기저귀 갈자〉

노래 〈기저귀 갈자〉는 〈나의 사랑 클레멘타인〉 멜로디에 맞춰서 노래하면 됩니다. 저는 이 유명한 노래를 참 좋아해요. 넣고 싶은 단어를 모두 넣을 수 있기 때문이죠. 여기서는 기저귀를 가는 동안 이 노래를 활용하는 방법을 예로 들었지만, "**당근**(63쪽) **먹자**(42쪽), **당근 먹자**."를 넣어서 식사 시간에도 쉽게 베이비 사인을 할 수 있답니다. 뭐든지 다 돼요!

> 〈나의 사랑 클레멘타인〉은 유명한 동요이지만 노래를 모르더라도 괜찮아요! 노랫말을 이야기처럼 읽어 줘도 괜찮답니다.

기저귀 갈자, 기저귀 갈자,
기저귀 갈자, 푹 젖었네.
기저귀를 **갈** 거야.
멋지고 **깨끗하게**.
기저귀 갈자, 기저귀 갈자,
기저귀 갈자, 푹 젖었네.
기저귀를 **갈** 거야.
멋지고 **깨끗하게**.
기저귀 갈자, 기저귀 갈자,
기저귀 갈자, 푹 젖었네.
기저귀를 **갈** 거야.
멋지고 **깨끗하게**.
기저귀 갈자, 기저귀 갈자,
기저귀 갈자, 푹 젖었네.
기저귀를 **갈** 거야.
멋지고 **깨끗하게**.

핵심 단어

 갈다 73쪽

 기저귀 73쪽

 깨끗하다 75쪽

 먹다 42쪽

 당근 63쪽

책 읽기
존 클라센, 《이건 내 모자가 아니야》

이 책은 아기에게 **모자**(79쪽)를 나타내는 베이비 사인을 가르치기 딱 좋습니다. 작은 물고기가 큰 물고기의 모자를 훔쳐 달아나는 이야기거든요. 공기 방울과 키가 큰 물풀을 지나 헤엄쳐 작은 물고기는 과연 모자를 가질 수 있을지 흥미진진하게 읽을 수 있답니다. 모자뿐만 아니라 **물고기**(126쪽), **자다**(45쪽) 등을 나타내는 베이비 사인도 연습할 수 있답니다.

핵심 단어

모자 79쪽

물고기 126쪽

자다 45쪽

어디 104쪽

다 했다 44쪽

놀기
〈곰돌아, 옷 입자〉

동물 인형이나 아기 인형에게 **옷**(78쪽)을 입히는 놀이를 하면서 베이비 사인을 아주 효과적으로 가르칠 수 있습니다. 좋아하는 **곰**(133쪽) 인형이나 인형에 **양말**(80쪽)과 **신발**(81쪽)을 신기며 해 보세요. **모자**(79쪽)를 인형한테 씌운 다음 베이비 사인을 알려 주세요. 옷과 관련된 물건을 가지고 재미있게 놀면서 어휘력도 늘릴 수 있답니다.

핵심 단어

옷 78쪽

곰 133쪽

양말 80쪽

신발 81쪽

모자 79쪽

5장
목욕 시간과 잘 시간

아기를 목욕시키고 재우는 시간에는 피로를 풀 수 있을 뿐만 아니라 친밀감을 쌓을 기회도 많은데요. 이 장에서는 **목욕**(89쪽), **비눗방울**(90쪽), **뜨겁다**(91쪽), **춥다**(91쪽)과 같이 목욕할 때 자주 하는 베이비 사인을 가르쳐 드릴 거예요. 집에 고무로 된 **오리**(129쪽)장난감이 있다면 6장과 7장을 살펴보세요. 아기가 욕조에 들어가고 나면 할 일이 많아질 테니까 그 전에 베이비 사인을 연습해 두는 게 좋답니다. 욕조에서 아기를 받쳐 줄 손이 필요할 때는 한 손으로 손짓해도 돼요.

아기는 매일매일 하루에도 몇 번씩 꿈나라에 갑니다. 이미 **자다**(45쪽), **이불**(93쪽), **책**(50쪽)같이 자기 전에 활용하기 좋은 베이비 사인을 배웠으니 이 장에서는 **양치하다**(93쪽), **이불**(93쪽), **달**(94쪽), **별**(95쪽)을 나타내는 손짓도 알려 드릴게요. 자기 전 하루를 재미있게 마무리할 수 있는 놀이도 두 가지나 있답니다.

목욕할 때 하는 베이비 사인

목욕

양손의 주먹을 쥔 다음 가슴에 대고 부드럽게 문질러 줍니다.

쉽게 기억하는 팁
긴 샤워 타월을 이용해 몸을 닦아 내는 모습 같습니다.

베이비 사인하는 상황
목욕하려고 물을 틀었을 때 베이비 사인을 하세요. **목욕**시키는 동안 한 손으로 아기를 받쳐 줘야 한다면 반대쪽 손만 써서 해도 됩니다. 나와서 물기를 닦아 줄 때가 되면 꼭 **다 했다**(44쪽)고 손짓하세요!

살펴보기
아기가 두 손을 펴고 자기 몸을 닦는 것처럼 보일 수 있습니다.

> 큰애가 16개월쯤 됐을 때 여름에 작은 물놀이 테이블을 사줬어요. 저희가 물을 채우지도 않았는데 타고 올라가서 앉더니 **목욕**이라고 베이비 사인을 하더라고요. 얼마나 웃겼는지 몰라요!

비눗방울

양손을 알파벳 "O" 모양처럼 둥글게 만든 다음 한 손씩 번갈아 올리며 펴 줍니다.

쉽게 기억하는 팁
비눗방울이 공중에 떠다니면서 톡톡 터지는 모습 같습니다.

베이비 사인하는 상황
아기들이 **비눗방울**을 좋아하기 때문에 아주 재미있게 알려 주면서 흥미도 유발할 수 있는 베이비 사인입니다. 대부분 본능적으로 손을 뻗어서 **비눗방울**을 만지려고 할 거예요. 제대로 베이비 사인을 못하더라도 아기를 격려해 줄 좋은 기회죠. 아기가 손을 뻗으면 "맞아! **비눗방울**이야! 잘했어. 손으로 **비눗방울**을 잡아 봐, 톡!"이라고 해 보세요.

살펴보기
아기가 손을 흔들거나 양손으로 **우유**(41쪽) 또는 **전등**(48쪽)을 베이비 사인을 하는 것처럼 보일 수 있습니다.

뜨겁다

한 손의 손끝을 오므리고 입 앞에 댑니다. 그런 다음 빠른 속도로 손등을 뒤집으면서 입에서 떼어 줍니다.

쉽게 기억하는 팁
뜨거운 음식을 입 안에서 꺼내는 모습 같습니다.

베이비 사인하는 상황
욕조 안에 들어가기에는 물이 너무 **뜨거울** 때 베이비 사인을 하세요. 음식이 너무 **뜨겁거나** 전자레인지를 만지면 안 된다고 주의시킬 때도 됩니다. 이 베이비 사인은 따뜻한 것을 조심조심 만지게 하면서 가르칠 수도 있습니다. 아기가 감각을 이해하게 해 주세요. 물론 정말 신중하게 판단해서 해야 합니다!

춥다

양손의 주먹을 쥔 다음 팔을 몸 가까이에 대고 빠르게 흔들어 줍니다.

쉽게 기억하는 팁
추워서 덜덜 떠는 모습 같습니다.

베이비 사인하는 상황
아기가 **추위**에 떨고 있거나 목욕을 마치고 나서 물기를 닦아 줄 때 베이비 사인을 하세요. **뜨겁다**(91쪽)를 나타내는 베이비 사인을 가르칠 때와 마찬가지로 차가운 것을 잠깐 만지게 한 다음에 **춥다**라고 베이비 사인을 해서 감각을 이해하게 해도 됩니다.

살펴보기
아기들은 이 베이비 사인을 잘 해내곤 합니다. 추위를 느끼는 자연스러운 반응 덕분에 이 베이비 사인을 아주 쉽게 배우는 거죠.

자기 전에 하는
베이비 사인

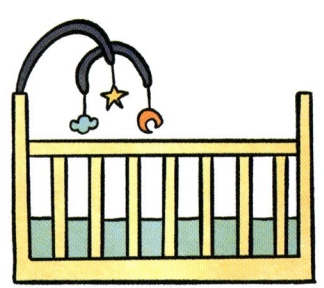

양치하다

한 손의 검지를 이 앞쪽에 대고 위아래로 움직여 줍니다.

쉽게 기억하는 팁
손가락이 칫솔처럼 보입니다.

베이비 사인하는 상황
여러분이 **양치하다**를 나타내는 베이비 사인을 보여 주는 동안 아기가 자기 칫솔을 들고 있게 하세요. 우스꽝스러운 표정을 지으며 손가락으로 열심히 **양치하다**를 표현해 보세요!

살펴보기
아기가 손가락을 입 안에 찔러 넣을 수 있습니다.

이불

양손의 손끝을 모아 아래로 향하게 한 다음 몸 앞에 둡니다. 두 손을 모은 상태에서 가슴 쪽으로 끌어올립니다.

쉽게 기억하는 팁
이불을 끌어당겨 덮는 모습 같습니다.

베이비 사인하는 상황
아기에게 애착 **이불**이 있다면 잘 활용할 수 있는 베이비 사인입니다. 아기가 애착 **이불**을 찾고 있는 것 같을 때 "**이불** 줄까?"라고 물어보세요.

살펴보기
아기가 두 손으로 가슴을 문지르거나 턱 밑에 주먹을 밀어 넣는 것처럼 보일 수 있습니다.

달

검지와 엄지를 둥글게 만든 다음 뺨에 갖다 댑니다. 손을 위로 올리면서 얼굴에서 떼어 줍니다.

쉽게 기억하는 팁
초승달을 하늘로 올려 보내는 것 같습니다.

베이비 사인하는 상황
달을 나타내는 베이비 사인은 자기 전에 《잘 자요, 달님》, 《달을 먹은 아기 고양이》, 《달님 안녕》 같은 **책**(50쪽)을 읽을 때 하면 됩니다. 당연히 밤하늘에 뜬 진짜 달을 봤을 때도 베이비 사인을 해도 되겠죠!

살펴보기
아기가 하늘을 가리키는 것처럼 보일 수 있습니다.

별

양손의 검지를 세워서 머리 쪽으로 올립니다. 번갈아가며 하늘 쪽으로 올리면서 두 검지를 서로 스치게 해줍니다.

쉽게 기억하는 팁
밤하늘에 떠 있는 모든 **별**을 가리키는 것 같습니다.

베이비 사인하는 상황
별 모양을 볼 때마다 베이비 사인하세요. 자기 전에 읽는 **책**이나 밤하늘에서 **별**을 볼 수도 있지만, **별** 모양은 여기저기 많이 있죠.

살펴보기
아기가 두 손을 같이 문지르거나 하늘을 가리키는 것처럼 보일 수 있습니다.

재미있게 베이비 사인하기

노래하기
〈반짝반짝 작은 별〉

아기들은 이 노래뿐만 아니라 귀에 익은 멜로디도 좋아합니다(〈매에 매에 검은 양〉과 〈알파벳송〉이랑 멜로디가 같죠). 저는 이 노래의 첫 소절을 부를 때 **별**(95쪽)을 반복해서 베이비 사인을 해요. '위'를 나타내는 베이비 사인도 하려면 검지만 하늘 쪽으로 찔러 주면 된답니다. 쉽죠?

> 〈반짝반짝 작은 별〉은 유명한 노래이지만 모르더라도 괜찮아요! 노랫말을 이야기처럼 읽어줘도 괜찮답니다.

반짝반짝 작은 **별**,
무엇인지 궁금해.
높은 하늘 위에서,
보석처럼 빛나네.
반짝반짝 작은 **별**,
무엇인지 궁금해.

핵심 단어

별 95쪽   무엇 104쪽

책 읽기
유희진, 《잠이 오는 이야기》

아기를 재울 때 읽어 주는 그림책은 모두 좋지만, 잠을 안 자고 칭얼거리는 아기에게 좋은 책입니다. 이 책은 아기의 긴장을 서서히 풀어주면서 스르르 눈이 감기게 한다는 점이 특히 좋아요. 자는 시간과 관련된 **자다**(45쪽), **전등**(48쪽), **이불**(93쪽)은 물론 이전 장에서 연습한 **모자**(79쪽), **신발**(81쪽)과 같은 베이비 사인도 할 수 있거든요. 마지막 장을 덮을 때쯤이면 여러분과 아기 모두 꿈나라에 가게 될 거예요.

핵심 단어

전등 48쪽   자다 45쪽   놀다 101쪽

모자 79쪽   신발 81쪽   이불 93쪽

놀기
〈비눗방울 더 많이!〉

목욕하는 시간을 향상해 보세요. 욕조 옆에 **비눗방울**(90쪽)을 준비해 뒀다가 불어 주면서 아기를 즐겁게 해 주면 돼요. **비눗방울**이 둥둥 떠다니는 모습을 보면서 베이비 사인을 하세요.

아기는 손을 뻗어서 만져 보려고 할 거예요. 이때를 잘 활용해서 "잘했어! 맞아, **비눗방울**이야!"라고 말하세요. 아기가 자기가 하는 손동작에 의미가 있다는 걸 알게 되면 더 용기 내서 할 수 있으니까요.

비눗방울이 다 터지면 "**비눗방울** 놀이 더(43쪽) 하고 싶어?"라고 물어보세요. **목욕**이 끝나면 **다 했다**(44쪽)고 베이비 사인을 해서 아기에게 끝났다는 걸 알려 주세요.

핵심 단어

더 43쪽   비눗방울 90쪽   다 했다 44쪽

놀기
〈집아, 잘 자〉

2장에서 말씀드린 것처럼 **전등**(48쪽)은 아기가 베이비 사인에 관심을 가지게 하는 탁월한 손짓입니다. 잘 시간이 됐을 때 방마다 돌아다니면서 불을 껐다 켰다 하면 재미있게 알려 줄 수 있답니다. 집에게 잘 자라고 인사하고 나면 **다 했다**(44쪽)고 말하면서 베이비 사인해 주세요.

핵심 단어

전등 48쪽   다 했다 44쪽

6장
놀이 시간과 야외 활동

놀이 시간이야말로 아기가 베이비 사인에 가장 잘 몰입할 수 있는 때랍니다! 노는 시간은 몇 분 정도밖에 안 될 수도 있지만, 효과만큼은 아주 탁월하거든요.

2장에서 이미 **공**(49쪽), **책**(50쪽), **자동차**(51쪽)같이 유용한 베이비 사인을 소개했는데요. 이번 장에서는 **놀다**(101쪽)와 **음악**(102쪽), **그네**(103쪽)처럼 놀이 시간과 관련된 베이비 사인을 더 많이 알려 줄 거예요. 다양한 놀이와 활동에서 잘 쓸 수 있는 표현인 **무엇**(104쪽)과 **어디**(104쪽)를 하는 방법도 알려 줄게요(이 장 끝부분에 활용하는 방법도 나온답니다).

아기가 자라면서 주변 세상에 더 관심을 기울이면 산책할 때 마주치는 흥미로운 것을 표현하는 베이비 사인을 가르치고 싶을 거예요. 앞장에서는 **달**(94쪽)과 **별**(95쪽)같이 자연을 나타내는 베이비 사인도 배웠는데요. 이 장에서는 **나무**(108쪽), **벌레**(109쪽), **버스**(113쪽), **비행기**(113쪽) 등 더 많은 손짓을 알게 될 거예요!

놀이할 때 하는 베이비 사인

놀다

양손의 주먹을 쥐고 엄지와 새끼를 펴줍니다. 손목을 가볍게 돌려줍니다.

쉽게 기억하는 팁
여기저기 뛰어다니면서 즐겁게 노는 아이들의 모습이라고 생각해 주세요.

베이비 사인하는 상황
놀다는 아기가 기분이 좋고, 재미있게 놀고 있을 때 베이비 사인을 하면 좋습니다. 아기가 장난감을 갖고 있거나 여러분이 아기와 놀아 줄 때 이 베이비 사인을 해 보세요. "모양 맞추기 퍼즐 갖고 노니까 진짜 재미있지! 이 장난감 갖고 **놀면** 재미있어!" 같은 이야기를 해도 좋습니다.

살펴보기
아기가 **놀다**의 베이비 사인을 만들기는 어려우므로 주먹이나 검지를 신나게 돌리거나 흔들 수 있습니다.

비슷한 베이비 사인
양손의 주먹을 쥐고 엄지와 새끼를 펴줍니다. 한쪽 방향으로 손목을 가볍게 돌리면 **파티**를 나타내는 베이비 사인이 됩니다.

음악

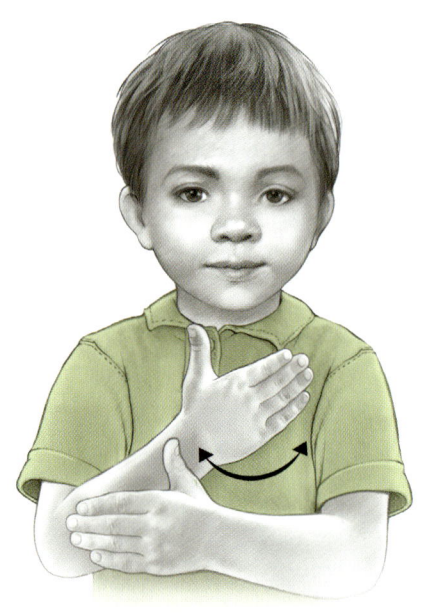

한 손을 반대쪽 팔뚝 위에서 왔다 갔다 하며 흔들어 줍니다.

쉽게 기억하는 팁
여러분이 오케스트라를 지휘하는 것 같습니다.

베이비 사인하는 상황
음악을 듣고 있거나 휴대전화 벨소리가 울릴 때도 베이비 사인을 할 수 있습니다. 밤마다 아기에게 자장가를 불러 줄 때도 **음악**이라고 해도 됩니다.

살펴보기
아기는 한쪽 팔이나 양쪽 팔 모두 왔다 갔다 하며 흔들거나 빙빙 돌릴 수 있습니다. **다 했다**(44쪽)를 손짓할 때와 비슷하므로 상황을 잘 살펴본 다음에 어떤 베이비 사인인지 판단해 주세요.

비슷한 베이비 사인
음악과 **노래**를 나타내는 베이비 사인은 똑같으므로 두 단어를 말할 때 똑같이 손짓하면 됩니다.

> 둘째 딸이 16개월이었을 때 씻기고 나서 **노래**를 불러 줬는데요. 저한테 **다 했다–음악**을 베이비 사인을 하는 거예요. "고맙지만 그만해 주세요"라는 뜻이었던 거죠. 웃겨서 죽는 줄 알았다니까요!

그네

양손의 검지와 중지를 펴서 아래로 향하게 합니다. 손가락을 살짝 구부리고 반대쪽 손가락 위에 올려줍니다. 손을 앞뒤로 왔다갔다하며 몇 번씩 흔들어 줍니다.

쉽게 기억하는 팁
구부린 손가락은 다리처럼, 평평하게 편 손가락은 그네에 있는 의자처럼 보입니다.

베이비 사인하는 상황
집에 유아용 **그네**가 있다면 아기를 태우면서 베이비 사인을 하면 됩니다. 아기가 놀이터에서 그네를 탈 만큼 컸을 때 가르쳐도 괜찮은 베이비 사인이기도 합니다.

살펴보기
아기가 이 베이비 사인을 하면 흔드는 동작은 잘하지만, 손 모양은 어설퍼 보일 수 있습니다. 모양이 독특해서 만들기 어렵기 때문인데요. 아기가 양손을 같이 움켜쥐고 있거나 앞뒤로 왔다갔다 하며 흔드는지 살펴보세요.

> 딸아이가 16개월 될 때쯤 가족과 농장에 놀러갔는데요. 딸 사진을 예쁘게 찍어 주려고 만반의 준비를 해 뒀는데 안타깝게도 딸이 저 멀리에 있는 **그네**를 보면서 베이비 사인을 하는 거예요. 그 모습이 참 웃기게 찍히긴 했지만, 사진을 보면 그때 아이가 좋아했던 걸 한눈에 알아볼 수 있답니다!

무엇

양손의 손바닥을 위로 향하게 합니다. 어깨를 으쓱한 상태에서 손을 좌우로 움직여 줍니다.

쉽게 기억하는 팁
보통 다른 사람에게 "뭐?"라고 물어볼 때 하는 동작이죠.

베이비 사인하는 상황
아기들이 베이비 사인을 하고 싶은 게 있지만, 어떻게 표현하는지 모를 때 가르쳐주면 좋습니다. 아기가 여러분에게 뭔가를 보여 줬는데 어떻게 베이비 사인하는지 모르겠다면, "그게 **뭐야**? 뭘 가지고 있어? 블록이야?"라고 물어보면 된답니다.

살펴보기
이 베이비 사인은 보통 여러분이 예상하는 모습과 거의 똑같습니다. 아기가 **무엇**을 손짓하면 얼마나 귀여운지 몰라요. 아기들은 표정이 풍부하니까요

어디

검지를 좌우로 움직여 줍니다.

쉽게 기억하는 팁
"그게 여기 있나? 저기 있나?"라고 묻는 것 같습니다.

베이비 사인하는 상황
어디는 숨바꼭질할 때 베이비 사인을 하면 재미있습니다. 아기가 보고 있을 때 장난감에 수건이나 담요를 덮어서 숨겨 주세요. "**어디** 있지?"라고 물어본 다음 천을 벗겨 내면서 "여기 있네!"라고 말하세요.

살펴보기
아기가 손가락이나 손을 흔드는 것처럼 보일 수 있습니다.

자연을 표현하는 베이비 사인

밖

한 손의 힘을 빼고 어깨 쪽에 가져갑니다. 손끝을 두 번 오므려 주었다가 멀리 떨어트립니다.

베이비 사인하는 상황
밖에 놀러 나가거나 산책하러 갈 준비가 됐을 때 베이비 사인을 하세요. 아기에게 "밖에 나가고 싶지? 밖에 나가자!"라고 말해 주세요.

살펴보기
아기가 문 쪽으로 손을 움직이거나 자기 어깨를 붙잡고 있는 것처럼 보일 수 있습니다.

비

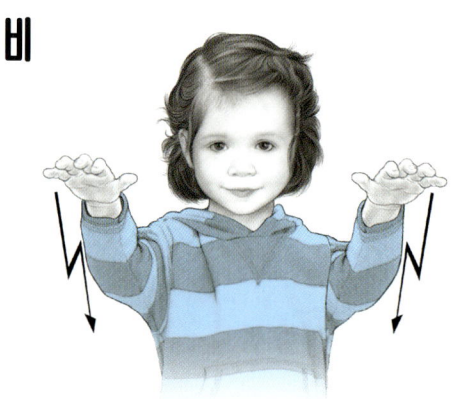

양손의 손가락을 펼친 상태에서 어깨보다 높이 올려줍니다. 양팔의 팔꿈치를 아래쪽으로 굽혀줍니다. 이 동작을 몇 번 반복합니다.

쉽게 기억하는 팁
빗줄기가 쏟아지는 모습 같습니다.

베이비 사인하는 상황
비가 오거나 비 이야기가 나오는 책을 읽을 때 베이비 사인을 하세요. 〈작은 거미〉(114쪽) 노래를 부를 때 해도 재미있답니다!

살펴보기
아기가 두 손을 위아래로 흔드는 것처럼 보일 수 있습니다.

해

한 손의 검지를 올려 공중에 원을 그린 다음 얼굴 앞에서 손가락을 모두 펴 줍니다.

쉽게 기억하는 팁

하늘에서 햇볕을 내리쬐는 해의 모습을 그리는 것 같습니다. 빛줄기가 여러분을 비추는 것 같아요.

베이비 사인하는 상황

보드 북과 아이들 그림에는 밝고 노란 **해**가 많이 나오는데요. 그럴 때 잠시 **해**를 가리키면서 베이비 사인을 하세요. 저는 아이들에게 〈넌 나의 햇살〉이라는 노래를 불러 주는 걸 좋아해서 이 베이비 사인을 자주 했답니다.

살펴보기

아기가 이미 **전등**(48쪽)을 표현할 줄 안다면 해를 나타내는 베이비 사인을 할 때와 굉장히 비슷해 보일 거예요.

비슷한 베이지 사인

이 베이비 사인의 후반부 동작은 **전등**(48쪽)을 나타내는 손짓과 똑같습니다.

나무

한 손을 바닥과 평행이 되게 합니다. 반대편 손바닥을 앞으로 펼치고 수평을 만든 손등 위에 팔꿈치를 올립니다. 활짝 펼친 손의 손목을 돌립니다.

쉽게 기억하는 팁

땅에 뿌리를 내린 나무가 바람에 흔들리는 모습 같습니다.

베이비 사인하는 상황

야외에서 바람에 흔들리는 **나무**를 바라볼 때, 그림책에 **나무**가 나올 때 베이비 사인하면 됩니다.

살펴보기

아기가 손을 뻗거나, 흔들거나, 돌리는 것처럼 보일 수 있습니다.

꽃

한 손의 손끝을 오므려 줍니다. 양쪽 콧망울에 번갈아 가며 댑니다.

쉽게 기억하는 팁

꽃봉오리를 들고서 향기를 맡는 모습 같습니다.

베이비 사인하는 상황

꽃은 여기저기 다 있잖아요. **책**에도, **옷**에도, 정원에도 있으니까요. 아기가 (당연히 어른의 감독하에) 진짜 **꽃**을 살펴보게 한 다음에 베이비 사인을 가르치세요.

살펴보기

아기가 손 전체나 검지로 코, 턱 또는 입을 두드리는 것처럼 보일 수 있습니다.

벌레

한 손의 엄지를 콧등에 댄 다음 검지와 중지를 하늘 쪽으로 세웠다가 위아래로 몇 번 굽혀 줍니다.

쉽게 기억하는 팁
코앞에서 더듬이를 꿈틀꿈틀거리는 **벌레**가 움직이는 모습 같습니다.

베이비 사인하는 상황
특정한 **벌레**를 가리키는 베이비 사인은(애벌레, 파리, 모기 등)이 아주 많은데요. 이 장에 **거미**(110쪽)와 **나비**(110쪽)를 나타내는 베이비 사인도 나오지만, 처음 시작할 때는 통틀어 **벌레**라고 표현해도 됩니다.

살펴보기
아기가 손가락을 접었다 폈다 하거나 자기 코를 만지는 것처럼 보일 수 있습니다.

거미

한 쪽 손목을 반대쪽 손목에 교차해서 올립니다. 8개의 손가락을 바닥을 향하게 하고 같이 꿈틀거립니다.

쉽게 기억하는 팁
손가락이 **거미**의 다리처럼 보입니다.

베이비 사인하는 상황
이 장 끝부분에 있는 〈작은 거미〉(114쪽) 노래를 부를 때 이 베이비 사인을 해 보세요.

살펴보기
아기가 두 손을 같이 움켜잡거나 손가락만 꿈틀거리는 것처럼 보일 수 있습니다.

나비

양손의 손바닥을 몸을 향하게 해주세요. 양손을 교차하여 엄지끼리 걸어 여러 번 구부립니다.

쉽게 기억하는 팁
손이 펄럭거리는 **나비**의 날개처럼 보입니다.

베이비 사인하는 상황
실제로 **나비**를 보거나, 그림에 **나비**가 나올 때 언제든지 쉽고 재미있게 표현할 수 있는 베이비 사인입니다. 3장 끝부분에 있는 《배고픈 애벌레》(69쪽)의 후반부를 읽을 때 베이비 사인을 해 보세요.

살펴보기
아기는 두 손을 퍼덕이며 **나비**를 표현하므로 나는 것처럼 보일 수 있습니다. 두 손을 같이 움켜쥔 채 손가락을 접었다 폈다 하는 것처럼 보이기도 합니다.

탈것을 표현하는 베이비 사인

기차

양손의 검지와 중지를 펴서 손바닥을 아래로 향합니다. 한 손을 반대쪽 손가락 위에 올려 줍니다. 손을 앞뒤로 왔다갔다하며 미끄러뜨립니다.

쉽게 기억하는 팁

아래쪽 손가락은 기찻길처럼, 위쪽 손가락은 기차처럼 보입니다.

베이비 사인하는 상황

장난감 **기차**를 가지고 놀거나, **책**(50쪽)에 **기차**가 나오거나, 진짜 **기차**가 지나가는 모습을 보는 등 기회가 있을 때마다 베이비 사인하세요. "칙칙폭폭!" 소리도 힘차게 내면서요.

살펴보기

아기는 검지끼리 문지르거나 한 손의 전체를 반대쪽 손 위에 미끄러뜨릴 수 있습니다.

자전거

양손의 주먹을 쥔 다음 몸에서 살짝 떨어뜨린 상태에서 교대로 돌려 줍니다.

쉽게 기억하는 팁

두 주먹이 **자전거** 페달을 밟는 모양과 같습니다.

베이비 사인하는 상황

자전거 크기와 상관 없이 모두 **자전거**라고 베이비 사인을 하면 됩니다. 페달이 없거나 장난감 **자전거**에도 괜찮습니다.

> 저희 딸이 아주 어렸을 때 장난감 가게에서 **자전거**를 구경했는데요. 안타깝게도 새 **자전거**를 사지 않고 집에 가자고 하니 눈이 퉁퉁 붓도록 울더라고요. 아이는 그날 난생처음으로 **자전거**라고 베이비 사인을 했답니다.

버스

양손의 엄지를 접고 손바닥끼리 마주 보게 합니다. 한 손의 새끼와 반대편 엄지를 맞닿게 합니다. 양손을 서로 뗐다가 다시 붙여 줍니다.

쉽게 기억하는 팁
버스가 얼마나 긴지 보여 주는 것 같습니다. 버스의 문이 미끄러지듯이 여닫히는 모습을 보여 주는 것 같기도 합니다.

베이비 사인하는 상황
돌아다니다가 **버스**를 보거나 그림책에서 **버스**를 봤을 때 베이비 사인을 하세요. 이 장 끝부분에 있는 〈버스 바퀴〉(115쪽) 노래를 부를 때 해도 됩니다.

살펴보기
아기가 어설프게 손뼉 치는 것처럼 보일 수 있습니다.

비행기

한 손을 앞으로 내민 후 위로 올려줍니다. 중지와 약지를 접고 위를 찌르듯이 움직여 줍니다.

쉽게 기억하는 팁
하늘을 나는 **비행기**를 보여주는 것 같습니다.

베이비 사인하는 상황
하늘 높이 나는 **비행기**를 봤을 때, **비행기** 소리를 들었을 때, 아기와 **비행기**를 탈 기회가 있을 때 베이비 사인을 하세요.

살펴보기
아기가 손가락으로 하늘을 가리키거나 손 전체를 위로 뻗는 것처럼 보일 수 있습니다.

비슷한 베이비 사인
사랑해요(149쪽)를 나타내는 베이비 사인과 똑같습니다.

재미있게 베이비 사인하기

노래하기
〈작은 거미〉

베이비 사인을 넣어서 이 노래를 불러 보세요. 저는 이 노래를 부를 때 "물홈통에 올라갑니다" 부분에서 **거미**(110쪽)를 베이비 사인을 한답니다. 여러분이 원하는 대로 단어를 더하고 뺄 수 있다는 걸 잊지 마세요.

> 〈작은 거미〉는 유명한 노래이지만 모르더라도 괜찮아요! 노랫말을 이야기처럼 읽어줘도 괜찮답니다.

핵심 단어

거미 110쪽

물 65쪽

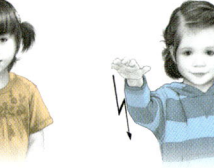
비 106쪽

해 107쪽

거미가
물홈통에 올라갑니다.

비가 오면
거미가 내려옵니다.

해님이 떠올라
비 다 마르면,

거미는 다시
홈통에 올라갑니다.

거미가
물홈통에 올라갑니다.

비가 오면
거미가 내려옵니다.

해님이 떠올라
비 다 마르면,

거미는 다시
홈통에 올라갑니다.

노래하기
〈버스 바퀴〉

이 노래는 율동을 하면서 많이 부르는데요. 재미있게 돌고 도는 이 노래를 부를 때 베이비 사인을 해 보세요.

핵심 단어

버스 113쪽 아기 147쪽 엄마 143쪽

아빠 144쪽 사랑해요 149쪽

버스의 바퀴가 빙글빙글,
빙글빙글, 빙글빙글.
버스의 바퀴가 빙글빙글,
마을을 돌지요.

버스 탄 **아기**가 "응애응애,
응애응애, 응애응애."
버스 탄 **아기**가 "응애응애"
마을을 돌지요.

버스 탄 **엄마**가 "쉿쉿쉿,
쉿쉿쉿, 쉿쉿쉿."
버스 탄 **엄마**가 "쉿쉿쉿"
마을을 돌지요.

버스 탄 **아빠**가 "사랑해,
사랑해, 사랑해."
버스 탄 **아빠**가 "사랑해"
마을을 돌지요.

책 읽기
하야시 아키코, 《달님 안녕》

이 사랑스럽고 간결한 보드 북에는 반복적인 내용이 담겨 있습니다. 밤을 환하게 빛나는 **달**(94쪽)을 보며 아기들이 호기심을 느낄 수 있고 잠을 자야할 시간이라는 것도 자연스럽게 익힐 거예요. 더불어 **고양이**(123쪽), **슬퍼요**(151쪽), **미안해요**(153쪽), **더**(43쪽) 같은 베이비 사인도 연습할 수 있답니다.

핵심 단어

달 94쪽　　고양이 123쪽　　슬퍼요 151쪽

미안해요 153쪽　　더 43쪽

책 읽기
박은영, 《기차 ㄱㄴㄷ》

이 책은 달려가는 **기차**(112쪽)를 따라가며 보이는 풍경을 통해 아기가 자연스럽게 한글을 배울 수 있도록 도와주는데요. 기차는 물론 **나무**(108쪽), **비**(106쪽), **자동차**(51쪽), **해**(107쪽)와 같은 다양한 베이비 사인도 연습할 수 있답니다.

핵심 단어

기차 112쪽 나무 108쪽 비 106쪽

자동차 51쪽 해 107쪽

놀기

〈안에 뭐가 있을까?〉

아기들은 상자에 물건을 넣었다가 다시 꺼내는 걸 좋아합니다! 상자를 하나 준비해서(빈 휴지 상자나 아기용 물티슈 통도 괜찮아요) 안에 장난감을 넣어 주세요. 상자를 흔들어 안에서 달그락거리는 소리를 들려 주고요. 베이비 사인을 하면서 "안에 뭐(104쪽)가 있을까?"라고 말해 주세요.

가능하면 아기가 직접 안에 든 물건을 꺼내게 해 주고, 그 물건을 어떻게 베이비 사인을 하는지 보여 주세요. 아기가 다칠 위험이 없는 장난감이라면 어떤 것을 넣어도 괜찮습니다. 작은 공(49쪽)도 좋고 고무로 된 오리(129쪽)도 좋습니다. 여러분이 베이비 사인으로 표현할 수 있는 물건이면 다 돼요. 이 또한 아기에게 새로운 베이비 사인을 효과적으로 가르치는 방법이니까요.

핵심 단어

무엇 104쪽　　공 49쪽　　오리 129쪽

놀기
〈어디에 있을까?〉

아기들은 까꿍 놀이를 좋아합니다! 왜냐고요? 대상 영속성 개념을 배울 수 있기 때문이에요. 대상 영속성이란 물체가 보이지 않아도 계속 존재한다는 사실을 아는 것을 말합니다. 이 놀이는 정말 재미있는 데다가, 교육적이기까지 하답니다.

이 놀이를 할 때는 수건이나 얇은 담요를 준비해서 아기가 제일 좋아하는 물건을 가려 주세요. 예를 들면 **곰** 인형 같은 게 있겠죠. 베이비 사인을 하면서 아기에게 "**곰**(133쪽)이 **어디**(104쪽) 있지?"라고 물어 보세요. 천을 치우면서 "여기 있다! **곰**이 여기 있네!"라고 말하고, 베이비 사인을 하면 돼요. 아기가 이 놀이를 계속하고 싶어 할 때는 어떤 물건이든 담요 아래에 넣으면 된답니다. 여러분이나 아기 머리 위에 담요를 덮은 다음에 "**아기**(147쪽)가 **어디** 있지?"라고 하거나, "**엄마**(143쪽)가 어디 있지?"라고 물어봐도 괜찮고요.

핵심 단어

어디 104쪽   곰 133쪽   아기 147쪽

엄마 143쪽

7장
동물

아기가 말을 막 하기 시작했을 때는 동물 이름을 말하거나 동물 소리를 흉내 내는 경우가 많습니다. 아기가 동물의 매력에 푹 빠지기 때문인데요. 아기가 베이비 사인을 하기 시작하면 일상에서 동물과 관련된 손짓을 점점 더 많이 하게 될 거예요. 동물은 장난감, 책, 노래 등 어디서든 나오니까요!

2장에서 **강아지**(47쪽)를 나타내는 베이비 사인을 미리 알려 주었는데요. 이 장에서는 **고양이**(123쪽), **새**(124쪽), **물고기**(126쪽)같이 반려동물을 나타내는 베이비 사인을 더 많이 알려 줄 거예요. **소**(130쪽), **말**(130쪽), **돼지**(131쪽)처럼 농장에 가면 있는 동물뿐만 아니라 **원숭이**(133쪽), **사자**(134쪽), **기린**(134쪽)같이 야생에 있는 동물을 나타내는 베이비 사인도 있답니다!

이 장에서 모든 동물을 표현하는 방법을 모두 다루는 건 아니지만, 아기에게 동물과 관련된 어휘력을 길러 주는 재미가 쏠쏠할 거예요. 그러니 당장 시작해 보세요! 동물을 나타내는 베이비 사인을 가르칠 때는 꼭 동물 소리를 재미있게 흉내내 주세요. 아기가 엄청나게 좋아할 거예요!

이 장에서 모든 동물을 표현하는 방법을 모두 다루는 건 아니지만, 아기에게 동물과 관련된 어휘력을 길러 주기에 매우 도움이 된답니다. 그러니 당장 시작해 보세요!

반려동물을 표현하는 베이비 사인

고양이

한 손으로 엄지와 검지로 뺨을 꼬집는 시늉을 합니다. 이 베이비 사인은 양손으로 해도 됩니다.

쉽게 기억하는 팁
고양이 수염을 표현하는 것 같습니다.

베이비 사인하는 상황
실제로 **고양이**를 보거나 그림에 **고양이**가 나올 때 베이비 사인을 하세요. 집에서 키운다면 직접 **고양이**를 안고 아기에게 손짓을 보여주세요. 고양이가 싫어하지 않는다면 얼굴에다가 부드럽게 베이비 사인을 해도 된답니다!

살펴보기
아기가 얼굴에 손끝을 스치거나 자기 볼을 붙잡고 있는 것처럼 보일 수 있습니다.

> 제 큰딸이 제일 처음 말한 단어는 바로 야옹이였어요. 아기가 털복숭이 식구에게 관심을 보이면 그냥 지나치지 마세요!

새

한 손의 엄지와 검지를 입에 가져갑니다. 두 손가락을 서로 붙였다 뗐다 합니다.

쉽게 기억하는 팁
새가 부리로 "짹짹"거리는 모습 같습니다.

베이비 사인하는 상황
날개가 달린 모든 생물에 **새**라고 베이비 사인을 할 수 있습니다. 파랑새도, 앵무새도, 플라밍고도 다 돼요!

살펴보기
아기는 얼굴 가까이에서 손 전체를 접었다 폈다 하거나 얼굴 옆쪽에서 접었다 폈다 할 수 있습니다. 잘 가라고 손을 흔드는 것처럼 보일 거예요.

비슷한 베이비 사인
새와 **닭**을 나타내는 베이비 사인은 똑같이 사용해도 되지만, 한 단계를 더 추가하면 더 분명하게 구분할 수 있습니다. 새를 베이비 사인을 한 후에 반대쪽 손바닥에 쪼아주면 **닭**을 의미한다는 걸 알려 줄 수 있습니다.

토끼

양손의 검지와 중지를 세운 다음 손등을 앞으로 합니다. 양손을 머리 위로 올린 다음 손가락을 위아래로 구부립니다.

쉽게 기억하는 팁
토끼의 귀가 쫑긋거리는 모습 같습니다.

베이비 사인하는 상황
그림책에는 **토끼**가 많이 등장하는데요. 가스 윌리엄스《토끼의 결혼식》, 칼 요한 포셴 엘린《잠자고 싶은 토끼》, 모 윌렘스《내 토끼 어딨어》, 에밀리 맥켄지《책 도둑 토끼》같은 책을 읽으면 **토끼**를 베이비 사인을 해 볼 수 있는 기회가 아주 많답니다!

살펴보기
아기가 머리카락을 움켜쥐거나 머리를 긁는 것처럼 보일 수 있습니다.

비슷한 베이비 사인
토끼는 다른 방법으로도 표현할 수 있는데요. 양손의 주먹을 쥐어 줍니다. 몸 앞에 붙인 다음 검지와 중지를 위아래로 **토끼** 귀처럼 파닥거리면 됩니다. 이 베이비 사인은 양손으로 해도 됩니다.

물고기

한 손의 엄지를 위로 세웁니다. 손바닥을 몸의 앞에 둡니다. 헤엄치듯이 움직이면서 몸에서 멀리 떨어뜨립니다.

쉽게 기억하는 팁
물고기가 헤엄치는 모습 같습니다.

베이비 사인하는 상황
아쿠아리움이나 가게의 수족관에서 **물고기**를 보거나, 욕조에서 **물고기** 장난감을 가지고 놀 때 베이비 사인을 하세요. 물고기 모양 **과자**(64쪽)를 먹을 때도 이 베이비 사인을 해도 됩니다.

살펴보기
아기가 손을 퍼덕이거나 팔 전체를 좌우로 움직이는 것처럼 보일 수 있습니다.

비슷한 베이비 사인
양손의 손바닥을 마주 대고 헤엄치듯 움직이면서 베이비 사인을 해도 됩니다.

아기들은 보통 원래 베이비 사인보다 단순하게 표현하곤 하지만, 때로는 더 복잡하게 바꾸기도 합니다. 제 큰딸은 팔 전체를 돌렸다가 손을 퍼덕거리면서 **물고기**라고 베이비 사인을 했어요. 수년이 지난 지금까지도 베이비 사인을 더 복잡하게 바꾸곤 한답니다!

개구리

한 손의 주먹을 쥐고 턱 아래 갖다 댑니다. 검지와 중지를 뻗었다가 빠르게 접습니다. 이 동작을 몇 번 반복합니다.

쉽게 기억하는 팁
폴짝폴짝 뛰는 **개구리**의 뒷다리처럼 보입니다.

베이비 사인하는 상황
장난감 **개구리**을 가지고 놀 때나 실제로 **개구리**를 봤을 때 베이비 사인을 하세요. "개굴개굴" 소리를 내면서 최대한 비슷하게 흉내내세요.

살펴보기
아기는 두 손가락 대신 손 전체를 접었다 폈다 하면서 베이비 사인을 할 수 있습니다.

쥐

한 손의 검지를 코끝 옆면에 몇 번 스쳐 줍니다.

쉽게 기억하는 팁
쥐의 코가 씰룩거리는 모습 같습니다.

베이비 사인하는 상황
에드 영 《일곱 마리 눈 먼 생쥐》, 아놀드 로벨 《생쥐 수프》 같은 그림책에는 쥐가 나오는 경우가 많죠. 매 장을 넘길 때마다 "**쥐**가 **어디**(104쪽) 있지? **쥐**를 찾아 볼래?"라고 물어보면서 찾기 놀이를 해 보세요.

살펴보기
아기는 검지로 얼굴을 찌르거나 손 전체를 코에 가볍게 스칠 수 있습니다.

가축을 표현하는
베이비 사인

오리

한 손의 검지와 중지를 붙입니다. 입 앞으로 뻗어준 다음 엄지와 몇 번 붙였다 뗐다 합니다.

쉽게 기억하는 팁
오리가 꽥꽥거릴 때 부리가 열리고 닫히는 모습 같습니다.

베이비 사인하는 상황
욕조에서 고무로 된 **오리** 장난감를 가지고 놀거나 이 장 끝부분에 있는 〈다섯 마리 아기 오리〉(137쪽) 노래를 부를 때 베이비 사인을 하세요.

살펴보기
아기가 자기 입이나 얼굴을 붙잡고 있는 것처럼 보이거나, **새**(124쪽)를 베이비 사인을 하는 모습과 아주 비슷해 보일 수 있습니다.

비슷한 베이비 사인
손 전체를 부리처럼 오므려서 **오리**를 표현할 수도 있습니다.

소

한 손의 주먹을 쥐었다가 엄지와 새끼를 펴줍니다. 엄지를 관자놀이에 대고 앞으로 흔들어 줍니다. 이 베이비 사인은 양손을 다 써도 됩니다.

쉽게 기억하는 팁
소뿔이 어떻게 생겼는지 보여 주는 것 같습니다.

베이비 사인하는 상황
소를 볼 때마다 크게 "음매애애!" 소리를 내면서 베이비 사인을 하세요. 아기에게 이 장 끝 부분에 있는 〈맥도날드 아저씨의 농장〉(136쪽) 노래를 불러 주면서 해도 됩니다.

살펴보기
아기는 검지나 엄지를 머리에 대고 약간 비틀면서 표현할 수 있습니다.

말

한 손의 검지와 중지를 붙여서 세웁니다. 엄지를 관자놀이에 댑니다. 손가락을 몇 번 구부려 줍니다. 이 베이비 사인은 양손 다 써도 됩니다.

쉽게 기억하는 팁
말의 귀가 씰룩거리는 모습 같습니다.

베이비 사인하는 상황
동물 장난감을 가지고 놀거나 **말**이 나오는 그림책을 읽을 때 "히이잉!" 소리를 내면서 베이비 사인을 하세요. 아기에게 이 장 끝 부분에 있는 〈맥도날드 아저씨의 농장〉(136쪽) 노래를 불러 주면서 해도 됩니다.

살펴보기
처음에는 **토끼**(125쪽)나 **소**(130쪽)를 나타내는 베이비 사인과 비슷해 보일 수 있지만, 아기의 운동 기능이 발달하면 점차 구별되기 시작할 거예요.

양

한 손을 반대쪽 팔 위에 올립니다. 검지와 중지를 가위처럼 벌렸다 오므렸다 합니다.

쉽게 기억하는 팁
여러분이 가위로 **양**털을 깎고 있는 것 같습니다.

베이비 사인하는 상황
동물 장난감을 가지고 놀 때, 실제로 **양**을 봤을 때 또는 이 장 끝부분에 있는 《갈색 곰아, 갈색 곰아, 무엇을 보고 있니?》(138쪽)처럼 책을 읽을 때 베이비 사인을 하세요.

살펴보기
아기가 반대쪽 팔 위에 손가락을 스치거나 문지르는 것처럼 보일 수 있습니다.

돼지

한 손을 턱 아래 댑니다. 손가락을 모두 붙인 상태에서 아래로 몇 번 구부립니다.

쉽게 기억하는 팁
돼지의 토실토실한 턱을 표현하는 모습 같습니다.

베이비 사인하는 상황
동물 장난감을 가지고 놀 때나 〈맥도날드 아저씨의 농장〉(136쪽) 노래를 부를 때 베이비 사인을 하세요. 하는 동안 "꿀꿀!" **돼지** 소리를 최대한 비슷하게 흉내 내세요.

살펴보기
아기가 턱이나 목을 붙잡고 있는 것처럼 보일 수 있습니다.

비슷한 베이비 사인
돼지를 나타내는 베이비 사인은 **더럽다**(76쪽)을 나타내는 손짓과 비슷합니다.

야생 동물을 표현하는 베이비 사인

원숭이

양손을 옆구리 아래에서 위로 몇 번 긁어 줍니다.

쉽게 기억하는 팁
원숭이가 자기 몸을 우스꽝스럽게 긁어대는 모습 같습니다.

베이비 사인하는 상황
원숭이가 내는 소리와 표정을 과장되게 흉내 내면서 이 베이비 사인을 하면 정말 재미있습니다. 아기와 〈다섯 꼬마 원숭이〉(155쪽) 노래를 부르면서 해도 됩니다. 8장 끝부분에 노래 가사가 수록돼 있습니다.

살펴보기
아기가 이 베이비 사인을 하면 진짜로 꼬마 **원숭이**가 된 것처럼 보인답니다!

곰

양팔을 교차시킵니다. 손가락을 구부린 상태에서 어깨를 긁어 줍니다.

쉽게 기억하는 팁
곰이 커다란 발톱으로 자기 몸을 긁는 모습 같습니다.

베이비 사인하는 상황
곰 인형을 가지고 놀거나 이 장 끝부분에 있는 《갈색 곰아, 갈색 곰아, 무엇을 보고 있니?》(138쪽)를 읽을 때 **곰**이라고 베이비 사인을 하세요.

살펴보기
아기가 가슴이나 배를 긁거나 자신을 껴안는 것처럼 보일 수 있습니다.

> 제 둘째 딸은 한 손으로 자기 배를 긁으면서 베이비 사인을 했어요.

사자

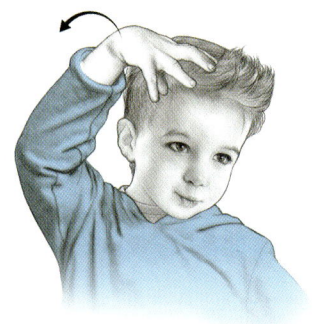

한 손의 손가락을 "발톱" 모양처럼 구부립니다. 손을 머리 위쪽에서 목 뒤쪽으로 움직여 줍니다.

쉽게 기억하는 팁
커다란 **사자** 갈기를 보여 주는 것 같습니다.

베이비 사인하는 상황
동물 장난감을 가지고 놀거나 이 장 끝부분에 나오는 《안녕, 내 친구!》(138쪽)처럼 재미있는 보드북을 읽을 때 베이비 사인을 하세요. "으르렁!" **사자**처럼 소리도 내세요.

살펴보기
아기가 자기 머리카락을 잡아당기는 것처럼 보일 수 있습니다.

기린

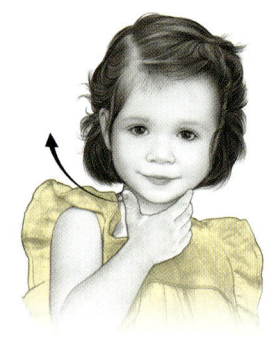

한 손을 둥글게 만든 다음 목 앞에 가져 갑니다. 팔을 위로 뻗으면서 얼굴에서 멀리 떨어뜨립니다.

쉽게 기억하는 팁
기린이 기다란 목을 자랑하는 모습 같습니다.

베이비 사인하는 상황
아기가 **기린** 모양 치아 발육기를 들고 있거나 《안녕, 내 친구!》(138쪽)를 읽을 베이비 사인을 하세요.

살펴보기
아기가 하늘을 향해 손을 뻗는 것처럼 보일 수 있습니다.

공룡

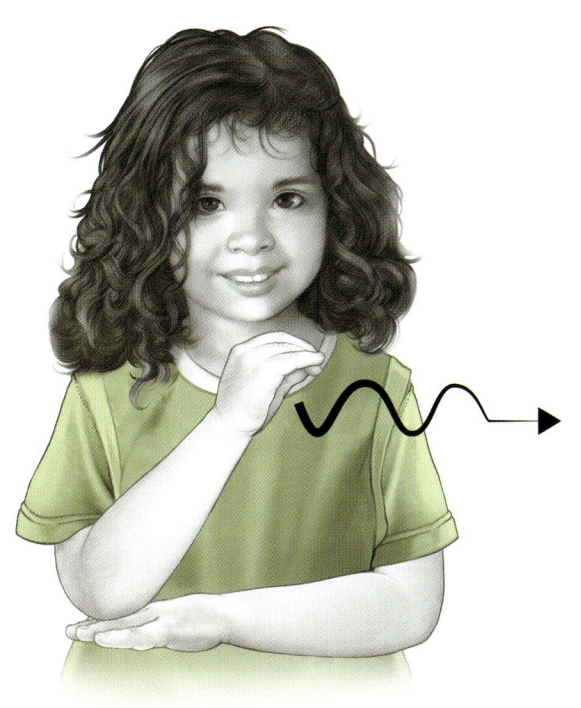

한 손의 손끝을 모아 줍니다. 반대쪽 손등 위에 팔을 올려줍니다. 손끝을 모은 팔을 위아래로 둔탁하게 가로 방향으로 지나갑니다.

쉽게 기억하는 팁
커다란 **공룡**이 육중한 몸을 이끌고 느릿느릿 지나가는 모습 같습니다.

베이비 사인하는 상황
안타깝게도 **공룡**은 실제로 볼 수가 없죠. 그래도 장난감, 아동복, 동화책에는 **공룡**이 많이 등장하니 여기에서 베이비 사인을 다루기로 했답니다. 장난감 **공룡**을 가지고 놀 때나 《옛날에 공룡들이 있었어》 또는 《공룡 목욕탕》 같은 **책**(50쪽)을 읽을 때 베이비 사인을 하면서 크게 울부짖어 보세요.

재미있게 베이비 사인하기

노래하기
〈맥도날드 아저씨의 농장〉

베이비 사인을 곁들여서 재미있게 노래하세요. 〈맥도날드 아저씨의 농장〉에 **말**(130쪽), **양**(131쪽), **돼지**(131쪽)나 원하는 동물을 넣어서 계속 불러 보세요! 아기들은 이 노래에 나오는 동물 소리를 매우 좋아합니다. 과장되게 베이비 사인을 하면서요.

〈맥도날드 아저씨의 농장〉은 유명한 노래이지만 모르더라도 괜찮아요! 노랫말을 이야기처럼 읽어 줘도 괜찮답니다.

핵심 단어

소 130쪽 　　말 130쪽 　　돼지 131쪽

양 131쪽

맥도날드 농장에
이-야-이-야-오.

소 한 마리 있었죠.
이-야-이-야-오.

여기서 "음매"(소를 손짓)
저기서 "음매"(소를 손짓)
"음매" "음매"
여기저기 "음매."
맥도날드 농장에
이-야-이-야-오.

맥도날드 농장에
이-야-이-야-오.

소 한 마리 있었죠.
이-야-이-야-오.

여기서 "음매"(소를 손짓)
저기서 "음매"(소를 손짓)
"음매" "음매"
여기저기 "음매."
맥도날드 농장에
이-야-이-야-오.

노래하기
〈다섯 마리 아기 오리〉

이 귀여운 노래는 **엄마**(143쪽) 오리의 아기 **오리**(129쪽)들이 전부 사라지면서 좀 슬퍼지는데요. 그래도 마지막에는 행복하게 끝나서 참 다행이에요. 이 노래는 8장의 가족과 감정을 나타내는 베이비 사인을 연습하기에도 딱 좋답니다.

〈다섯 마리 아기 오리〉는 유명한 노래이지만 모르더라도 괜찮아요! 노랫말을 이야기처럼 읽어줘도 괜찮답니다.

핵심 단어

오리 129쪽　　**놀다** 101쪽　　**엄마** 143쪽

슬퍼요 151쪽

다섯 마리 아기 **오리** 놀다가
언덕 멀리멀리 올랐죠.
엄마 **오리**가 "꽥꽥꽥"(오리를 손짓)
아기 **오리** 네 마리만 왔어요.
네 마리 아기 **오리** 놀다가
언덕 멀리멀리 올랐죠.
엄마 **오리**가 "꽥꽥꽥"(오리를 손짓)
아기 **오리** 세 마리만 왔어요.
세 마리 아기 **오리** 놀다가
언덕 멀리멀리 올랐죠.
엄마 **오리**가 "꽥꽥꽥"(오리를 손짓)
아기 **오리** 두 마리만 왔어요.
두 마리 아기 **오리** 놀다가
언덕 멀리멀리 올랐죠.
엄마 **오리**가 "꽥꽥 꽥꽥" 불렀더니(오리를 손짓)
아기 **오리** 한 마리만 왔어요.
한 마리 아기 **오리** 놀다가
언덕 멀리멀리 올랐죠.
엄마 **오리**가 "꽥꽥꽥"(오리를 손짓)
모든 **오리** 돌아오지 않았죠.
슬픈 엄마 **오리** 밖에 나가서
언덕 멀리멀리 올랐죠.
슬픈 엄마 **오리**가 "꽥꽥꽥"(오리를 손짓)
다섯 마리 아기 **오리** 찾았죠.

책 읽기
로드 캠벨, 《안녕, 내 친구!》

　이 재미있고 우스꽝스러운 보드 북에는 동물원에 가면 볼 수 있는 동물이 많이 나옵니다. 대부분 이 장에 나온 베이비 사인으로 표현할 수 있어요. 이 책은 보드 북이라서 소리 내어 읽어 주는 동안 아기가 재미있게 펼쳐 볼 수 있답니다. 여러 동물을 구경하다 보면 시간 가는 줄 모를 거예요. 책 속의 동물원에서 주인공의 집으로 덩치가 크고 무서운 키 큰 동물을 보내 주거든요. 다행히도 마지막에는 집에서 키울 만한 동물이 온답니다!

핵심 단어

기린 134쪽　　사자 134쪽　　원숭이 133쪽

개구리 127쪽　　강아지 47쪽

책 읽기
빌 마틴·에릭 칼
《갈색 곰아, 갈색 곰아, 무엇을 보고 있니?》

　저는 지금까지 읽었던 것 중에 이 책을 제일 좋아한답니다! 내용이 반복적이면서 리듬감도 있어서 아기들이 좋아하거든요. 이 책에 나오는 모든 동물을 표현하는 방법을 이번 장에서 배웠기 때문에 전부 베이비 사인을 할 수 있을 거예요. 각 장을 살펴 볼 때마다 "**무엇**을 보고 있니?"를 강조하면서 **무엇**(104쪽)을 베이비 사인을 해도 된답니다. 이 책은 아기가 더 큰 다음에 색깔을 가르칠 때 읽어도 좋아요.

핵심 단어

곰 133쪽　　무엇 104쪽　　새 124쪽

오리 129쪽　　말 130쪽　　개구리 127쪽

고양이 123쪽　　강아지 47쪽　　양 131쪽

놀기

〈착한 야옹이〉

집에서 고양이나 개를 키운다면 아기가 네 발 달린 식구에게 관심이 많을 텐데요. 혹시 안 키우더라도 친구나 가족 중에 기르는 집이 있을 거예요! 반려동물이 아기와 잘 놀면, 아기가 동물을 만져 보게 해 주세요. 이때를 활용해서 아기에게 **고양이**(123쪽)나 **강아지**(47쪽)를 나타내는 베이비 사인과 **부드럽다**(152쪽)을 나타내는 손짓을 알려 주세요. 아기의 손이나 팔에 직접 부드러운 감각을 알려 줘도 좋습니다.

핵심 단어

고양이 123쪽   **강아지** 47쪽   **부드럽다** 152쪽

8장
가족과 감정

이번 장에서는 가족 및 중요한 감정을 표현하는 베이비 사인을 배우게 됩니다. 가족과 감정을 나타내는 베이비 사인은 "걸음마 단계 아기 수준"으로 어려운 편이에요. 초기에 할 만한 베이비 사인은 아니니까 가르칠 때 이 점을 유의해 주세요. 이 장에서 알려 줄 베이비 사인은 아주 쓸모 있지만, 아기가 처음부터 하진 못할 거예요.

집에서 어떤 식구를 부를 때 특별히 쓰는 말이 있다면 같이 사용해도 되는데요. 예를 들어 아기가 **할머니**(145쪽)를 '하미'나 '하무니'라고 부르더라도 베이비 사인을 해도 됩니다. 1장에서 말했듯이 베이비 사인은 어떤 언어와도 함께 쓸 수 있다는 걸 기억해 주세요.

감정을 나타내는 베이비 사인은 아기가 자기뿐만 아니라 다른 사람들의 감정도 이해하기 시작했을 때 큰 도움이 된답니다. 단 아기의 감정이 폭발하는 순간에는 새로운 베이비 사인을 배우기가 현실적으로 어렵습니다. 이 장에서는 **슬퍼요**(151쪽)이나 **아파요**(154쪽) 같은 괴로운 감정을 표현하는 베이비 사인을 쉽게 가르치는 팁을 공유할게요.

가족을 표현하는 베이비 사인

엄마

한 손을 편 다음 턱 옆쪽에 엄지를 댑니다. 몇 번 두드려 줍니다.

엄마 (다른 버전)

쉽게 기억하는 팁

엄마, **할머니**(145쪽), **자매**(146쪽)와 같이 여성을 나타내는 베이비 사인은 모두 얼굴 아래 쪽에서 표현합니다. **아빠**(144쪽), **할아버지**(145쪽), **형제**(146쪽)와 같이 남성을 나타내는 베이비 사인은 얼굴 위쪽에서 표현하고요. 일반적으로 남자가 여자보다 키가 커서 그렇다고 생각하면 기억하기 쉽습니다.

베이비 사인하는 상황

이 베이비 사인은 **엄마**보다는 다른 사람이 가르치는 게 더 쉬울 수도 있습니다. 다른 사람이 아기를 돌봐주고 있을 때 이 베이비 사인을 가르치게 해 보세요. 사진을 보여주거나 **엄마**가 방에 들어가면 베이비 사인을 하게 하는 거죠.

살펴보기

엄마 둘이서 아이를 키우거나 친엄마와 새엄마가 따로 있는 가정이라면 다른 버전을 같이 사용해서 두 **엄마**를 구별할 수 있습니다. 한 손을 편 다음 턱 옆쪽에 엄지를 댑니다. 손가락을 살짝 흔들어 주세요.

> 솔직히 말씀드릴게요. 제 아이들은 한 번도 **엄마**라고 베이비 사인을 한 적이 없답니다. 그래도 둘 다 제일 처음으로 한 말은 **엄마**였어요. 야호!

아빠

한 손을 편 다음 이마 옆쪽에 엄지를 댑니다. 몇 번 두드려 줍니다.

아빠 (다른 버전)

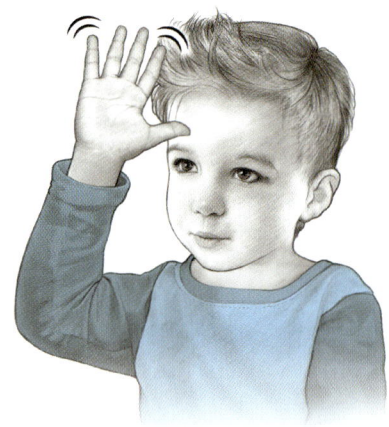

쉽게 기억하는 팁

아빠, **할아버지**(145쪽), **형제**(146쪽)와 같이 남성을 나타내는 베이비 사인은 모두 이마 위쪽에서 표현합니다. **엄마**(143쪽), **할머니**(145쪽), **자매**(146쪽)와 같이 여성을 나타내는 베이비 사인은 얼굴 아래쪽에서 표현하고요. 일반적으로 남자가 여자보다 키가 커서 그렇다고 생각하면 기억하기 쉽습니다.

베이비 사인하는 상황

이 베이비 사인은 **엄마**(143쪽)와 마찬가지로 **아빠**보다는 다른 사람이 가르치는 게 더 쉬울 수도 있습니다.

비슷한 베이비 사인

아빠 둘이서 아이를 키우거나 친아빠와 새아빠가 따로 있는 가정이라면 다른 버전을 같이 사용해서 두 **아빠**를 구별할 수 있습니다. 한 손을 편 다음 이마 옆쪽에 엄지를 댑니다. 손가락을 살짝 흔들어 주세요.

할머니

한 손을 앞으로 펴서 엄지를 턱에 댑니다. 손을 두 번 튕기듯이 움직이며 얼굴에서 떨어뜨립니다.

쉽게 기억하는 팁
엄마를 표현하는 베이비 사인에서 한 번 더 나아가는 것 같습니다.

베이비 사인하는 상황
할머니께서 집에 오시거나 통화할 때 베이비 사인을 하세요.

살펴보기
아기가 이 베이비 사인을 할 때는 보통 손을 두 번보다 더 많이 튕길 수 있습니다. **할머니**를 만나서 신이 난 것처럼 말이에요!

할아버지

한 손을 앞으로 펴서 엄지를 이마에 댑니다. 손을 두 번 튕기듯이 움직이며 얼굴에서 떨어뜨립니다.

쉽게 기억하는 팁
아빠를 표현하는 베이비 사인에서 한 번 더 나아가는 것 같습니다.

베이비 사인하는 상황
할아버지께서 집에 오시거나 사진을 보고 있을 때 베이비 사인을 하세요. 자주 못 보는 가족을 나타내는 베이비 사인을 가르치고 연습할 때는 사진을 활용해도 좋습니다. 사진을 활용하는 방법을 더 자세히 알고 싶다면 이 장 끝 부분에 있는 '재미있게 베이비 사인하기'에서 '우리 가족 놀이'(157쪽)를 참고하세요.

자매

양손을 한글 "ㄴ" 모양으로 만듭니다. 한 손의 엄지를 턱에 댔다가 뗀 다음 반대쪽 "ㄴ" 모양 위에 올려 줍니다.

쉽게 기억하는 팁
자매를 나타내는 베이비 사인도 **엄마**(143쪽)처럼 여성을 표현하므로 턱에서 손짓합니다.

베이비 사인하는 상황
자매를 나타내는 베이비 사인은 자매의 이름을 부를 때도 함께 쓸 수 있습니다.

살펴보기
아기는 검지나 손 전체를 얼굴에 댔다가 뗄 수 있습니다.

형제

양손을 한글 "ㄴ" 모양으로 만듭니다. 한 손의 엄지를 이마에 댔다가 뗀 다음 반대쪽 "ㄴ" 모양 위에 올려 줍니다.

쉽게 기억하는 팁
형제를 나타내는 베이비 사인도 **아빠**(144쪽)처럼 남성을 표현하므로 이마에서 손짓합니다.

베이비 사인하는 상황
형제를 나타내는 베이비 사인은 형제의 이름을 부를 때 함께 쓸 수 있습니다.

살펴보기
아기는 검지나 손 전체를 머리 위에 댔다가 뗄 수 있습니다.

아기

양쪽 팔꿈치를 잡고 좌우로 살살 흔들어 줍니다.

쉽게 기억하는 팁
아기를 재우려고 흔드는 모습 같습니다.

베이비 사인하는 상황
돌아다니다가 **아기**를 보거나 소리를 들었을 때 베이비 사인하세요. **아기** 인형에 베이비 사인을 해도 됩니다.

살펴보기
아기가 자신을 껴안거나 몸을 좌우로 돌리는 것처럼 보일 수 있습니다.

> 어린 **아기**가 이 베이비 사인을 하면 정말 귀여워요! 저희 딸은 딱 봐도 자기보다 더 큰 아이를 보면서 **아기**라고 손짓했어요. 그 모습을 볼 때마다 너무 웃겼답니다.

친구

양손의 검지를 "X" 모양으로 걸었다가 방향을 바꿔 다시 걸어줍니다.

쉽게 기억하는 팁
친구끼리 서로 안아주는 모습 같습니다.

베이비 사인하는 상황
같이 노는 **친구**가 아니라 가족이 아닌 사람을 가리킬 때도 베이비 사인을 해도 됩니다. 〈우리 더 함께 모이면〉(52쪽) 노래를 부를 때 베이비 사인을 해도 좋습니다.

살펴보기
아기가 검지끼리 맞닿게 하는 것처럼 보일 수 있습니다.

감정을 표현하는 베이비 사인

사랑해요

한 손의 손바닥을 펼쳐 앞으로 향한 다음 중지와 약지를 접어줍니다.

쉽게 기억하는 팁
영어로 "LOVE" 사랑을 뜻하는 손동작과 같습니다.

베이비 사인하는 상황
아기에게 사랑한다고 말해 주고 싶을 때마다 **사랑해요**라고 베이비 사인을 하세요. 특히 작별 인사를 하거나 잘 자라고 얘기할 때 해도 좋습니다.

살펴보기
이 손 모양은 만들기가 어려워서 아기들은 보통 손 전체나 검지만 뻗습니다. 저는 이 베이비 사인을 할 때 손을 약간 흔들어 주곤 하는데요. 여러분이 그렇게 하면 아기도 흔들면서 할 거예요.

> 베이비 사인 중에 제가 제일 좋아하는 거예요. 아이들과 지금까지도 매일매일 하는 유일한 베이비 사인이기도 하고요.

행복해요

한 손의 손바닥을 가로로 펼쳐 가슴에 댑니다.
위쪽으로 몇 번 스쳐 주며 미소를 짓습니다.

쉽게 기억하는 팁
마음속에서 행복한 기분이 위로 치솟는 모습 같습니다.

베이비 사인하는 상황
감정을 나타내는 베이비 사인을 할 때는 표현하는 감정과 표정이 일치하게 해주세요. 그러니까 **행복해요**를 베이비 사인을 할 때는 꼭 미소를 지어야 한다는 거죠!

살펴보기
아기가 자기 가슴이나 배를 두드리거나 문지르는 것처럼 보일 수 있습니다.

슬퍼요

양손의 손바닥을 이마로 향하게 한 다음 얼굴을 가려줍니다. 손을 아래로 내리면서 슬픈 표정을 보여줍니다.

쉽게 기억하는 팁
눈물을 흘리는 슬픈 얼굴을 하는 것 같습니다.

베이비 사인하는 상황
아기가 속상해할 때 새로운 베이비 사인을 가르치는 건 그리 좋지 않습니다. 다른 사람이 울고 있거나 슬퍼하는 모습을 봤을 때 **슬퍼요**를 나타내는 베이비 사인을 가르쳐 보세요. "아기가 정말 **슬픈**가 봐. 그래도 엄마가 기분을 풀어 줄 거야!" 라고 말해도 좋습니다.

살펴보기
아기는 한 손이나 양손을 얼굴에 대고 잡아끌 수 있습니다.

비슷한 베이비 사인
울다를 표현하려면 슬픈 표정을 지은 다음 양손의 검지를 뺨 아래로 내려서 눈물이 흐르는 것처럼 보이게 해 주세요.

심술 나다

한 손의 손가락을 구부려 얼굴 앞에 가져갑니다. 손가락을 몇 번 가볍게 접었다 폈다 해 줍니다.

쉽게 기억하는 팁
얼굴을 찌푸리며 큰 소리를 지르는 입모양처럼 보입니다.

베이비 사인하는 상황
아기가 기분이 안 좋거나 짜증을 낼 때 **심술 나다**라고 베이비 사인을 하세요. "너 오늘 아주 **심술이 났구나!**"라고 말해 주면서요.

살펴보기
아기는 손 전체를 얼굴 앞에서 접었다 폈다 할 수 있습니다.

부드럽다

한 손의 주먹을 쥔 다음 반대쪽 손으로 손등을 부드럽게 쓰다듬어 줍니다.

쉽게 기억하는 팁
아기의 연약한 머리를 부드럽게 어루만져 주는 모습 같습니다.

베이비 사인하는 상황
아기에게 꼬집거나 움켜잡으면 안 된다는 걸 알려 주려고 할 때 **부드럽다**라고 베이비 사인을 하세요. 아기가 여러분이나 반려동물을 만질 때 손길이 너무 거칠다면 "**부드럽게 만져야지.**"라고 말하면서 달래 주세요. 아기의 손이나 팔에 부드러운 감각을 느끼게 해도 좋습니다.

살펴보기
아기가 양손을 같이 문지르거나 반대쪽 손이나 팔을 스치는 것처럼 보일 수 있습니다.

미안해요

한 손의 주먹 쥔 손을 가슴에 대고 원을 그려 줍니다.

쉽게 기억하는 팁
다른 사람 다치게 해서 마음 아파하는 모습 같습니다.

베이비 사인하는 상황
이 베이비 사인을 할 때도 다른 감정을 표현할 때처럼 마음과 표정이 일치해야 합니다. **미안해요**를 베이비 사인을 할 때는 꼭 걱정스럽거나 후회스러운 표정을 지어 주세요.

살펴보기
이 베이비 사인은 **주세요**(52쪽)를 손짓을 할 때와 비슷해 보이지만, 주세요는 손을 펴고 한답니다.

도와주세요

한 손의 주먹을 쥐고 엄지를 세워 반대 편 손바닥 위에 올립니다. 양손을 같이 약간 들어올립니다.

쉽게 기억하는 팁
아래에 있는 손이 위에 있는 손이 올라가도록 도와주는 것 같습니다.

베이비 사인하는 상황
아기가 안간힘을 쓰고 있거나 짜증을 낼 때 "도움이 필요하니?"라고 물어보세요. 시간이 흐르면 **도움**이 필요하다고 알려 줄 거예요!

살펴보기
아기가 양손을 같이 움켜잡거나 위아래로 흔드는 것처럼 보일 수 있습니다.

아파요

양손의 검지를 몸 앞이나 아픈 부위로 가져간 다음 서로 툭툭 두드립니다.

쉽게 기억하는 팁
두 손가락이 마치 아픈 부위를 가리키는 화살표 같습니다.

베이비 사인하는 상황
아기가 아플 때 가르치는 건 썩 좋지 않습니다. 아기가 상태가 안 좋아 보이거나 불편해 보이면 "**아프니?**"라고 물어보세요. 뭔가에 부딪히는 척을 하면서(너무 과하게 하지는 마세요. 아기가 많이 당황할 수 있거든요!) "아야! 엄마가 머리를 부딪쳤어. **아프다.**"라고 말하면서 가르쳐도 좋습니다.

살펴보기
아기가 한쪽 손가락이나 손으로 반대쪽 손 위를 두드리는 것처럼 보일 수 있습니다. 더(43쪽)를 나타내는 베이비 사인을 할 때와 비슷하게 손을 모으기도 합니다.

비슷한 베이비 사인
두 검지를 같이 돌리면서 더 극심한 고통을 표현할 수 있습니다.

제 둘째 딸은 인형을 떨어뜨린 다음에 세상 슬픈 표정으로 아프다고 베이비 사인을 하고는 했어요. 정말 웃기고 귀여웠답니다!

재미있게 베이비 사인하기

노래하기
〈다섯 꼬마 원숭이〉

우스꽝스럽고 활기가 넘쳐서 아주 재미있게 베이비 사인을 하면서 노래할 수 있는 곡이에요. 특히 노는 시간에 부르면 좋답니다! 이 노래를 부를 때는 표정에 신경 쓰는 게 좋아요. **원숭이**(133쪽)가 **아파요**(154쪽) 때는 슬픈 표정을 짓고, **엄마**(143쪽)가 **원숭이**들을 꾸짖을 때는 심각한 표정을 꾸며 내는 거죠. 아기들은 과장된 연기를 하는 여러분의 모습을 재미있게 지켜볼 거예요.

> 〈다섯 꼬마 원숭이〉은 유명한 노래이지만 모르더라도 괜찮아요! 노랫말을 이야기처럼 읽어줘도 괜찮답니다.

핵심 단어

원숭이 133쪽   자다 45쪽   아파요 154쪽

엄마 143쪽

침대에서 뛰던 다섯 **원숭이**
하나가 머리를 아야 했어요(**아파요**를 손짓).
엄마가 병원에 전화했더니
원숭이들 **침대**에서 뛰지 말래요.

침대에서 뛰던 **원숭이** 네 마리
하나가 머리를 아야 했어요(**아파요**를 손짓).
엄마가 병원에 전화했더니
원숭이들 **침대**에서 뛰지 말래요.

침대에서 뛰던 **원숭이** 세 마리
하나가 머리를 아야 했어요(**아파요**를 손짓).
엄마가 병원에 전화했더니
원숭이들 **침대**에서 뛰지 말래요.

침대에서 뛰던 **원숭이** 두 마리
하나가 머리를 아야 했어요(**아파요**를 손짓).
엄마가 병원에 전화했더니
원숭이들 **침대**에서 뛰지 말래요.

침대에서 뛰던 **원숭이** 한 마리
하나가 머리를 아야 했어요(**아파요**를 손짓).
엄마가 병원에 전화했더니
원숭이들 **침대**에선 잠만 자래요.

책 읽기
베라 B. 윌리엄스, 《또, 또, 또 해주세요》

이 귀여운 그림책에는 재미있게 놀면서 뽀뽀와 포옹으로 식구들의 사랑을 듬뿍 받는 세 아기 이야기가 나옵니다. 가족과 관련된 것은 물론 **더**(43쪽)를 나타내는 베이비 사인도 연습하기 좋은 책이에요.

핵심 단어

더 43쪽   아기 147쪽   아빠 144쪽

할머니 145쪽   엄마 143쪽   자다 45쪽

책 읽기
아멜리 자보·코린느 위크·오로르 푸메·샤를린 왁스웨일레
《햇살 같은 안녕》

이 그림책은 아픈 **할머니**(145쪽)와 헤어짐을 맞이하는 **새**(124쪽) 가족의 이야기입니다. 헤어짐은 슬프지만 아기가 그 과정을 충분히 받아들일 수 있게 보여주는 그림책이랍니다. 이 그림책에는 여러 가족이 많이 등장합니다. 할머니, **엄마**(143쪽), **아빠**(144쪽)와 같은 베이비 사인은 물론 **슬퍼요**(151쪽), **고맙습니다**(67쪽), **사랑해요**(149쪽) 같은 감정을 뜻하는 베이비 사인도 배울 수 있답니다.

핵심 단어

할머니 145쪽   해 107쪽   벌레 109쪽

엄마 143쪽   아빠 144쪽   아파요 154쪽

슬퍼요 151쪽   고맙습니다 67쪽   사랑해요 149쪽

놀기

〈우리 가족〉

부드럽고 아기가 다칠 위험이 없는 사진첩을 구해서 가족과 친구들 사진으로 채워 주세요. 여러분이 가족들의 이름과 베이비 사인을 가르치는 동안 아기가 사진을 넘기게 해 주고요. 사진을 출력해서 자그마한 앨범 안에 끼워 넣는 건 좀 수고스럽지만, 아기가 이 책을 제일 좋아하게 될 수도 있답니다.

핵심 단어

엄마 143쪽　　아빠 144쪽　　할머니 145쪽

할아버지 145쪽

참고 자료

저자의 웹 사이트

앞으로 개설될 강연과 워크숍, 베이비 사인과 관련된 유용한 자료 등의 정보가 필요하면 제 웹 사이트에 방문해 주세요.

TinySigns.net

온라인 동영상 사전

책에서 배운 동작을 실제로 하는 모습을 보면 훨씬 도움이 된답니다. 타이니 사인즈® 웹 사이트에 이 책에 수록된 모든 단어를 시연한 무료 동영상 사전이 있으니 이곳에서 동영상을 시청하세요.

TinySigns.net/book-owner

연구 결과

베이비 사인이 유아의 언어 발달에 어떤 긍정적인 영향을 주는지 궁금하다면 아래의 연구 결과를 참고하세요.

Baby Signs Too. "The Science behind the Signing." Accessed February 7, 2018. https://www.babysignstoo.com/information/research/

Goodwyn, Susan W., Linda P. Acredolo, and Catherine A. Brown. "Impact of Symbolic Gesturing on Early Language Development." Journal of Verbal and Nonverbal Behavior 24, no. 2 (2000): 81–103.

Rebelo, Lane. "Using Sign Language with Babies: What the Research Shows." Tiny Signs. Accessed February 7, 2018. https://tinysigns.net/baby-sign-language-research/

Two Little Hands Productions. "Research." Signing Time. Accessed February 7, 2018. https://www.signingtime.com/resources/research/

베이비 사인을 하며 읽으면 좋은 그림책

책을 읽어 줄 때 아기와 베이비 사인을 연습하면 새로운 단어와 손짓을 가르치기 매우 좋습니다.

《말보다 먼저 배우는 베이비 사인》에 나오는 책
53p : 권정생, 《강아지 똥》
69p : 에릭 칼, 《배고픈 애벌래》
85p : 존 클라센, 《이건 내 모자가 아니야》
96p : 유희진, 《잠이 오는 이야기》
116p : 하야시 아키코, 《달님 안녕》
117p : 박은영, 《기차 ㄱㄴㄷ》
138p : 로드 캠벨, 《안녕, 내 친구!》,
138p : 빌 마틴, 에릭 칼, 《갈색 곰아, 갈색 곰아, 무엇을 보고 있니?》
156p : 베라 B. 윌리엄스, 《또, 또, 또 해주세요》,
156p : 멜리 자보, 코린느 위크, 오로르 푸메, 샤를린 왁스웨일레, 《햇살 같은 안녕》

베이비 사인할 때 즐겨 읽는 다른 책
버나뎃 로제티 슈스탁, 《사랑해 사랑해 사랑해》
기무라 유이치, 《냠냠 식사 놀이》
캐런 카츠, 《뭐라고 말하지?》
베르너 홀츠바르트, 《누가 내 머리에 똥 쌌어?》
투페라 투페라, 《판다 목욕탕》
마거릿 와이즈 브라운, 클레먼트 허드, 《잘 자요, 달님》
민트래빗 플래닝, 《별을 삼킨 괴물》

존 버닝햄, 《검피 아저씨의 뱃놀이》

오나리 유코, 《비 오니까 참 좋다》

신성희, 《딩동 거미》

맷 데 라 페냐, 《행복을 나르는 버스》

낸시 태퍼리, 《아기 오리는 어디로 갔을까요?》

조리 존, 《기린은 너무해》

김동수, 《엄마랑 뽀뽀》

캐런 카츠, 《아빠랑 뚝딱뚝딱》

앤서니 브라운, 《기분을 말해 봐!》

찾아보기

ㄱ

갈다 ······ 73
감자 ······ 62
강아지 ······ 47
개구리 ······ 127
거미 ······ 110
계란 ······ 62
고기 ······ 61
고맙습니다 67
고양이 ······ 123
곰 ······ 133
공 ······ 49
공룡 ······ 135
과자 ······ 64
그네 ······ 103
기린 ······ 134
기저귀 ······ 73
기차 ······ 112
깨끗하다 75
꽃 ······ 108

ㄴ

나무 ······ 108
나비 ······ 110
놀다 ······ 101

ㄷ

다 했다 ····· 44
달 ······ 94
당근 ······ 63
더 ······ 43
더럽다 ······ 76
도와주세요 153
돼지 ······ 131
똥을 싸다 75
뜨겁다 ······ 91

ㅁ

마시다 ····· 65
말 ······ 130
먹다 ······ 42
면 ······ 61
모자 ······ 79
목욕 ······ 89
무엇 ······ 104
물 ······ 65
물고기 ····· 126
미안해요 153

ㅂ

바나나 ····· 58
밖 ······ 106
배 ······ 59
버스 ······ 113
벌레 ······ 109
별 ······ 95
복숭아 ····· 59

부드럽다 152
비 106
비눗방울 90
비행기 113
빵 60

ㅅ

사랑해요 149
사과 58
사자 134
상의 83
새 124
소 130
손을 씻다 76
슬퍼요 151
시리얼 60
신발 81
심술 나다 152

ㅇ

아기 147
아빠 144
아파요 154
양 131
양말 80
양치하다 93
어디 104
엄마 143
오리 129
옷 78
외투 82
요거트 63
우유 41
원숭이 133
음악 102
이불 93

ㅈ

자다 45
자동차 51
자매 146
자전거 112
전등 48
주세요 66
쥐 127

ㅊ

책 50
춥다 91
치즈 64
친구 147

ㅌ

토끼 125

ㅎ

하의 83
할머니 145
할아버지 145
해 107
행복해요 150
형제 146
화장실 74

감사의 말

저를 응원해 주시고 글을 쓰는 즐거움을 느끼게 해 주신 살와 자바도 편집자께 감사드립니다. 저를 믿고 제가 아는 것과 경험한 것을 나눌 기회를 주신 칼리스토 미디어 Callisto Media 팀에도 감사드려요.

멀리서 사랑과 격려를 전해 준 가족들에게 감사합니다. 엄마, 밥, 아빠, 데니스, 스콧, 트레이시, 다이애나에게 진심 어린 감사 인사를 전합니다. 매번 "타이니 사인즈는 잘하고 있지?"라고 안부 물어줘서 고마워요.

늘 곁에서 공감하며 이야기를 들어 주고, 함께 웃으면서 더할 나위 없이 좋은 친구가 되어 준 젠 케텔과 섀넌 윌리에게도 고맙습니다.

특히 똑똑하고 호기심 많은 우리 딸들, 클라라랑 애니, 고마워. 너희들 덕분에 엄마가 베이비 사인에 푹 빠지게 됐단다. 아주 일찍부터 변함없이 대화할 수 있어서 정말 고맙게 생각하고, 영원히 지금만 같았으면 좋겠어.

한결같이 지지해 주고 격려해 준 우리 남편 앙드레 고마워요. 당신이 얼마나 소중한 사람인지 알죠?

무엇보다도 타이니 사인즈의 모든 회원분들에게 감사드립니다. 여기 매사추세츠에서 수업이나 워크숍에 참여했거나 외국에서 온라인 수업을 들은 모든 분 덕분에 제가 지금까지 이렇게 즐겁게 베이비 사인을 가르치고 있답니다. 여러분의 궁금증을 해결해 드리고, 성공담이 들려올 때마다 얼마나 기쁜지 몰라요. 여러분과 함께하게 해 주셔서 그저 영광일 따름이에요.

감사합니다!

말보다 먼저 배우는 베이비 사인
우리 아기의 인지 능력을 향상시키는 손짓 가이드

초판 발행 2022년 1월 21일
펴낸곳 동글디자인
발행인 현호영
지은이 레인 레벨로
옮긴이 정다은
편 집 문주영
디자인 오미인
주 소 서울시 마포구 월드컵로 1길 14, 딜라이트스퀘어 114호
팩 스 070.8224.4322
이메일 dongledesign@gmail.com

ISBN 979-11-91925-05-0

BABY SIGN LANGUAGE MADE EASY

Copyright © 2018 Calisto Media Inc.
All rights reserved.

First published in English by Rockridge Press, a Callisto Media Inc. imprint
Korean translation copyright © 2022 by Dongle Design

이 책의 한국어판 저작권은 대니홍 에이전시를 통한 저작권사와의 독점 계약으로
동글디자인에 있습니다. 신저작권법에 의해 한국 내에서 보호를 받는 저작물이므로
무단전재와 복제를 금합니다.